LES

MARINS CÉLÈBRES

DE LA FRANCE

3e SÉRIE IN-8o

Découverte des restes du naufrage de la Pérouse.

LES

MARINS CÉLÈBRES DE LA FRANCE

PAR

A. LEMERCIER

NOUVELLE ÉDITION

TOURS

ALFRED MAME ET FILS, ÉDITEURS

M DCCC LXXXII

INTRODUCTION

La navigation est vieille comme le monde; et tout nous porte à croire que l'homme ne put remarquer longtemps qu'une pièce de bois flottait sur l'eau sans concevoir la possibilité de traverser un fleuve avec son secours. Ce premier pas franchi, les pattes palmées des oiseaux aquatiques lui eurent bientôt appris l'usage de la rame. En voyant les canards, les oies, les cygnes déployer à demi leurs ailes, et profiter ainsi d'une brise favorable pour remonter un courant rapide, l'idée de la voile dut promptement s'offrir à l'esprit des premiers habitants de la terre. Ce qui rendait cette supposition extrêmement probable, c'est que les voiles latines, les plus anciennes voiles connues, représentent assez fidèlement l'aile d'un oiseau.

Insensiblement la botte de jonc se transforma en radeau, le tronc d'arbre se creusa, et la barque, grossier assemblage de planches cousues, chevillées ou clouées ensemble, fit des fleuves et des rivières des voies naturelles de communication, que les peuples primitifs durent promptement préférer à l'étroit sentier péniblement tracé à travers une terre encore à moitié couverte de forêts et de bruyères.

Les peuples répandus sur les rivages de la mer durent eux-mêmes se familiariser peu à peu avec le terrible élément dont les vagues venaient se briser à leurs pieds. Bientôt un homme se trouva assez hardi, assez téméraire pour y lancer un frêle esquif. Comme l'oiseau qui sort pour la première fois de son nid n'ose pas encore prendre son essor et essaye timidement ses ailes, ainsi le premier marin, *l'homme,* suivant Horace, *au cœur cuirassé d'un triple airain,* commença probablement par longer la côte. Dès son premier essai, il dut s'apercevoir que la forme du bateau de rivière ne pouvait convenir à l'embarcation destinée à la mer. Il se mit donc à arrondir ses flancs et sa proue, pour qu'elle fendît la vague ou s'élevât sur son dos; il chercha ensuite à donner plus de stabilité à son navire par un tirant d'eau considérable, et finit par couvrir sa partie supérieure d'une espèce de plate-forme qui préservât son intérieur des lames que le vent poussait quelquefois par-dessus ses bords.

Dès ce moment, l'homme put, sans courir trop de périls, entreprendre des voyages d'une île à l'autre et traverser les bras de mer qui séparent les continents.

Les plus anciens vaisseaux dont le burin nous ait conservé les formes sont ceux qu'équipa Sésostris, roi d'Égypte, qui vivait environ 1500 ans avant Jésus-Christ. On voit encore aujourd'hui, gravée sur un des obélisques de Thèbes, l'image du combat naval que ce monarque livra dans la mer Rouge.

La forme et le gréement de ces navires prouvent que, dès ces temps reculés, l'art nautique était déjà fort avancé.

D'après le nombre des soldats et des matelots qui armaient chacun de ces vaisseaux, il faut leur supposer une longueur d'environ quinze à vingt mètres. Leurs extrémités, très relevées, étaient munies de plates-formes défendues par des palissades, où se tenaient les combattants. De longues files de rames sortaient des flancs des navires, et indiquaient par leurs positions qu'ils étaient entièrement pontés. Une voile carrée, enverguée sur une vergue que soutenait un mât d'une assez grande élévation, se déployait au milieu du vaisseau. Enfin les différents cordages dont cette voile était munie forcent l'œil du marin le moins exercé à reconnaître que, du temps de Sésostris, on avait déjà trouvé le moyen d'utiliser le vent par une ingénieuse orientation des voiles, pour courir non seulement vent arrière, mais parallèlement à tous les points de l'horizon d'où il pouvait souffler.

Une chose assez singulière, c'est qu'aucun des navires figurés sur l'obélisque de Thèbes n'a de gouvernail : il est remplacé par plusieurs de ces larges et courtes rames que les peintres et les architectes ont prises pour emblème de la navigation, et dont les statues de nos marins et les frontispices de nos édifices maritimes sont invariablement décorés.

Si, pendant une longue suite de siècles, depuis Sésostris jusqu'au XIIIe siècle de notre ère, les constructions navales sont restées stationnaires, en ce sens que les galères du monarque d'Égypte diffèrent fort peu des galères grecques et romaines, dont les galères du moyen âge ne sont qu'une imitation très peu perfectionnée, ne peut-on pas raisonnablement l'attribuer à ce que ces navires répondaient aux besoins de leur époque et suffisaient à la navigation à laquelle ils étaient destinés?

En effet, jusqu'à l'invention de la boussole, sauf quelques tentatives aventureuses, toute la navigation guerrière ou marchande se bornait au grand cabotage. Or, pour ces courses de port en port, la forme et l'installation des galères étaient excellentes [1].

Mais, dès que la boussole permit au marin de se diriger au milieu de l'immensité de l'Océan, dès

1 Je prends ici galère dans un sens très étendu. Je crois pouvoir le faire avec d'autant plus de raison que tous les navires des anciens et du moyen âge peuvent, malgré leurs désignations nombreuses, se ranger dans la même catégorie, parce que leur construction et leur gréement n'offraient aucune différence essentielle; ils étaient plus grands ou plus petits, plus légers ou plus lourds, avaient depuis un jusqu'à dix ou douze rangs de rames; mais toute la différence se bornait là.

que les voyages de long cours devinrent de plus en plus fréquents, la carène des navires, leurs aménagements intérieurs, leur gréement surtout, se transformèrent complètement. A côté de la galère, excellente pour raser les terres, parce qu'elle y trouvait à chaque bourrasque un port qui lui tendait les bras, et qu'elle pouvait même, au besoin, se rouler sur le rivage, naquirent d'autres bâtiments, vicieux d'abord, mal mâtés, mal voilés, mais destinés à affronter les tempêtes et à lutter fièrement contre les vents et les flots déchaînés. Du xe au xiiie siècle, l'art nautique subit donc une révolution complète.

Les mâts, au lieu de ne porter chacun qu'une seule voile, de se baisser et de se débarquer à volonté, s'élancèrent plus haut dans les airs, se fixèrent à leur place et reçurent plusieurs voiles superposées. En renonçant à l'usage habituel de la rame, qui exigeait une grande légèreté dans le navire, on put revêtir ses flancs d'une armure plus solide, et pour contrebalancer la hauteur des mâts et l'accroissement de voilure on dut augmenter à la fois son lest et son tirant d'eau. Enfin il fallut trouver le moyen de tirer habilement parti de sa capacité pour y loger les officiers, les matelots, les vivres et la provision d'eau qui devaient suffire pour des mois entiers, sans diminuer d'une manière notable l'espace consacré aux marchandises et aux passagers; car c'est pour eux, en définitive, que le navire du commerce est construit.

Christophe Colomb, dans ses Mémoires, a laissé sur la caravelle qu'il montait des détails qui nous permettent d'apprécier avec beaucoup de justesse ce qu'étaient les navires de son temps. La forme de ces caravelles était ce que les marins appellent *très tonturée*, c'est-à-dire que leur proue et leur poupe s'élevaient beaucoup plus hors de l'eau que leur milieu. Elles avaient quatre mâts; celui de l'avant, qu'aujourd'hui nous appelons mât de misaine, portait deux voiles carrées presque semblables à la misaine et au petit hunier modernes; les trois autres mâts avaient chacun une voile latine ou à antennes. Il ressort du récit de Colomb que ces caravelles étaient assez convenablement gréées, se manœuvraient avec facilité, et que, de plus, elles se conduisaient bien à la mer; leur plus grand défaut, que leur forme explique du reste, était de rouler considérablement lorsqu'elles couraient vent arrière.

Vers la fin du règne de Louis XIII, en 1637, on construisit un vaisseau devenu célèbre parce qu'il résuma tous les progrès, tous les perfectionnements alors connus. Il s'appelait *la Couronne*, avait trois ponts et trois batteries couvertes; ses trois mâts perpendiculaires, et son beaupré presque horizontal, au lieu d'être d'un seul brin, furent pour la première fois fractionnés en trois parties, ce qui rendait, en cas de ruptures ou d'avaries, leur remplacement beaucoup plus facile, et permettait en outre de les caler au besoin. Souvent les deux mâts du milieu soutenaient chacun trois voiles carrées; celui de l'arrière gréait une voile latine, et le beaupré servait de point d'appui à une espèce de petit mâtereau perpendiculaire, où se déployaient, plutôt pour l'apparat que pour l'utilité, deux voiles carrées d'une dimension très exiguë. Il est à noter que, dans le modèle de ce navire, qui s'est conservé jusqu'à nos jours, les voiles n'offrent aucune trace de ris.

Jusqu'à la fin du règne de Louis XVI, les vaisseaux de guerre et même les bâtiments marchands avaient un arrière très élevé et excessivement orné; la poupe surtout était surchargée de sculptures et de cariatides dorées, de balcons et de galeries d'un luxe et d'un travail très recherchés. Mais bientôt les ingénieurs, guidés par l'observation et les sciences exactes, reconnurent que, dans un navire, les formes de l'arrière influaient autant sur la vitesse que celles de l'avant; cette partie du bâtiment se rétrécit, s'abaissa, s'allégea, et la suppression d'une grande partie des ornements fut une conséquence de cette nouvelle révolution. Le navire, qui se trouva dès ce moment plus solidement assis sur l'eau, put allonger davantage ses mâts et ses vergues, qui se couvrirent rapidement d'une voilure immense et hors de toute proportion avec celle des siècles précédents. Les focs et la brigantine remplacèrent définitivement les mâtereaux de beaupré et la voile latine, dont nous avons parlé.

Le vaisseau *l'Océan,* offert à Louis XV en 1760 par les états de Bourgogne, et qui subsiste encore aujourd'hui, a successivement reçu, dans les nombreuses refontes qu'il a subies, toutes les améliorations, tous les perfectionnements dus au génie de nos constructeurs et de nos marins. L'histoire de ce vaisseau, sous le rapport de l'art et aussi des événements auxquels il a été mêlé, serait excessivement curieuse. Sans quitter le service de la France, il a changé huit fois de pavillon ; l'amiral Villaret-Joyeuse le montait au fameux combat du 1er juin 1794 ; à moitié brisé, faisant eau de toutes part, il réussit à gagner le port de Brest, et, en le réparant, on trouva dans ses flancs plus de cinq cents boulets ennemis. A l'heure qu'il est, il croise dans la Méditerranée, et porte encore un amiral.

Nous terminerons ici cette courte notice sur l'art nautique, dont l'histoire exige, pour être convenablement appréciée, quelques connaissances techniques qui semblent tendre à devenir tous les jours plus communes.

Pour suppléer autant qu'il dépendra de nous à l'ignorance de nos jeunes lecteurs, nous nous efforcerons de leur expliquer, en leur racontant la vie et les aventures de nos marins célèbres, la forme des navires qu'ils montaient et les manœuvres auxquelles ils durent souvent leurs triomphes contre la tempête et contre l'ennemi.

LES

MARINS CÉLÈBRES

JEAN DE VIENNE

1320

Jean de Vienne, né vers 1320, sous le règne de Philippe de Valois, est sans contredit la plus vieille de nos gloires maritimes. S'il ne porta pas le premier le titre d'amiral, Jean de Vienne est le premier qui, par ses connaissances spéciales, par son courage, par ses succès, ait entouré cette charge d'une brillante auréole.

Quand il prit le commandement de la flotte de la France, les navires qui la composaient étaient loin de ressembler aux vaisseaux d'aujourd'hui.

C'est cependant vers l'époque où il vivait, et probablement par suite du développement qu'il donna à nos armements maritimes, qu'une révolution importante s'opéra dans les constructions navales. Aux galères, longues, étroites et légères, commencèrent à succéder les *nefs*, espèce de bâtiments plus massifs, dont la poupe, affectant déjà, quoique très légèrement, la forme carrée de nos jours, s'élevait à plus de sept mètres au-dessus du point de flottaison, sans compter les *castels*, dont elle était surchargée.

Quelques-unes de ces nefs avaient plus de trente mètres de longueur, et jusqu'à trois étages superposés; leur construction, même dans l'origine, beaucoup plus solide que celle des galères, ne tarda pas à le devenir encore davantage par l'usage de la poudre à canon, que les Génois employèrent les premiers dans la Méditerranée en 1341, et les Anglais dans l'Océan vers 1390.

Il est à remarquer que les canons ne furent d'abord placés qu'à l'avant et à l'arrière, sur le pont même. C'est à Descharges, constructeur français, qu'appartient l'invention des *sabords*, ouvertures carrées faites dans les flancs des navires pour donner passage à la gueule des canons.

Trois et même quatre mâts, portant chacun une voile latine, dont l'*antenne* (vergue) égalait en longueur le mât qui la soutenait, formèrent d'abord tout leur gréement; il devint de jour en jour plus considérable, plus complet. Enfin, vers 1425, les voiles latines elles-mêmes furent remplacées par des voiles carrées, qui changèrent complètement la physionomie des nefs, et leur firent décidément perdre toute apparence de parenté avec les galères grecques et romaines.

Jean de Vienne, issu des anciens comtes de Bourgogne, nous apparaît pour la première fois dans l'histoire comme gouverneur de Calais lors du fameux siège que soutint cette cité héroïque contre Édouard III, roi d'Angleterre. En l'absence d'autres renseignements, ce fait suffit pour nous démontrer que Jean de Vienne, dans sa jeunesse, ne s'était pas exclusivement livré à la marine. Nous le voyons plus tard également chargé de la défense de Honfleur, se signalant partout dans la lutte que Charles V soutenait contre l'Anglais, et se battant également bien sur terre et sur mer.

C'était cependant le vicomte de Narbonne qui portait le titre d'amiral. Honteux, sans doute, de conserver une charge dont un autre remplissait les fonctions, il s'en démit entre les mains du roi, qui, l'année suivante, en revêtit de Vienne.

En 1377, le nouvel amiral résolut d'aller porter au sein même de l'Angleterre le fléau de la guerre, dont nos provinces étaient depuis si longtemps le théâtre. Il espérait donner aux Anglais assez d'occupation sur leur propre sol pour les obliger de diviser leurs forces, et rendre ainsi plus efficaces les glorieux efforts de Charles V, qui semblait décidé à les chasser de son royaume.

De Vienne et Fernand Sanchez, amiral de Castille, firent voile de concert vers les côtes d'Angleterre. La ville de Rye, dans le comté de Sussex, fut la première sur laquelle de Vienne exerça de sanglantes représailles; elle fut prise, puis saccagée et brûlée, comme Édouard avait tant de fois traité nos villes. Hastings, Darmouth, Plymouth, Portsmouth, éprouvèrent successivement le même sort; l'île de Wight vit à son tour les Français débarquer sur ses rivages, et ses habitants se trouvèrent très heureux de racheter leurs biens et leur vie au prix d'une somme considérable.

Les attaques de l'escadre, qui désolait les côtes de l'Angleterre et rançonnait ses plus fortes villes, étaient si soudaines et si terribles que le comte de Salisbury fut chargé de mettre un terme à ces incursions, qui avaient mis tout le monde en émoi. Aussi, quand de Vienne se présenta devant la ville de Pool, trouva-t-il le comte qui l'attendait à la tête d'une armée considérable. Forcé de se rembarquer après avoir mis le feu à un faubourg, l'amiral longea la côte d'Angleterre. Salisbury, avec tout son monde, en fit autant par terre, s'arrêtant quand la flotte s'arrêtait, et se remettant en mouvement avec elle. De Vienne ne s'en fut pas plus tôt aperçu, qu'il se donna la satisfaction de fatiguer l'armée du comte par des marches et des contremarches continuelles.

Bientôt il parvint à tromper la vigilance de l'armée d'observation. Il avait fait mine de se préparer à attaquer Southampton, et Salisbury s'y était porté en grande diligence pour mettre cette place à l'abri d'un coup de main. Depuis le matin jusqu'à la nuit, de Vienne ne cessa d'envoyer ses chaloupes pour reconnaître les points de débarquement, et de disposer ses vaisseaux pour une descente ; mais, dès que la nuit fut close, éteignant tous ses feux, il leva l'ancre dans le plus grand silence, et arriva devant Lewes à la pointe du jour.

Les alarmes étaient si universelles sur tout le littoral, où l'on se tenait dans un continuel qui-vive, qu'à l'apparition de la flotte française trois seigneurs à la tête d'une grande quantité de gentilshommes, de bourgeois et de paysans, se trouvèrent prêts à la repousser. De Vienne n'hésita pas pourtant. Les premiers qui mirent pied à terre furent vigoureusement reçus et se virent un moment enveloppés et dans une position fort critique ; mais, à mesure que les chaloupes apportèrent des renforts aux Français, la partie devint de plus en plus égale ; et bientôt, chassant devant eux toute cette foule épouvantée, ils entrèrent dans la ville de Lewes, qui tomba au pouvoir d'un vainqueur irrité et impitoyable.

Cet exploit termina une campagne qui n'avait été pour de Vienne qu'une longue série de succès. Content d'avoir rendu aux Anglais une grande partie du mal qu'ils avaient fait à la France, d'avoir encombré ses vaisseaux des plus riches dépouilles, il ne voulait pas risquer de perdre en un jour les fruits d'une longue expédition, qu'il avait conduite avec autant de prudence que de courage. Il crut d'ailleurs d'autant plus convenable de regagner la France, qu'en se présentant devant Douvres il avait aperçu une armée de plus de soixante mille hommes qui suivait tous ses mouvements. Tenter de nouveaux débarquements eût été, dans de telles circonstances, une impardonnable témérité.

Dès que la flotte fut ravitaillée et ses équipages reposés, Jean de Vienne recommença ses courses, et vers la fin du règne de Charles V il avait donné une telle réputation à la marine française, que les bâtiments anglais de guerre comme de commerce n'osaient plus se montrer sur les mers situées entre la France et leur île. Les choses en vinrent même au point que Richard II, voulant faire passer une armée en Bretagne, fit débarquer tout son monde à Calais, de crainte que sa flotte, en faisant voile pour Brest, ne rencontrât le terrible Jean de Vienne.

Charles V projetait une descente sérieuse en Angleterre lorsque la mort vint le frapper. Charles VI, aiguillonné par l'amiral, qui disait tout haut que l'heure était venue d'en finir avec les Anglais, ordonna qu'on équipât dans le port de l'Écluse assez de navires pour transporter d'un seul coup toute une armée de l'autre côté du détroit. Les préparatifs furent d'abord poussés avec vigueur; mais bientôt les intrigues du duc de Bourgogne triomphèrent du patriotisme de l'amiral, et si de Vienne n'eût pas été là pour utiliser les vaisseaux déjà construits, l'État eût fait une dépense complètement inutile.

L'amiral, voyant donc les armements sinon

suspendus, du moins ralentis, voulut essayer si par de nouvelles victoires il ne pourrait pas ranimer l'ardeur du roi et le zèle de la noblesse, qui commençait à se refroidir.

A cette époque, l'Écosse, constituée en royaume indépendant, était à la fois notre alliée et l'ennemie de l'Angleterre. L'amiral résolut de profiter de cette situation pour porter le fer et le feu dans les comtés septentrionaux de la Grande-Bretagne. Il fit offrir son épée aux Écossais, qui lui répondirent qu'avec mille bonnes lances de France ils se flattaient de vaincre l'ennemi commun.

De Vienne, triomphant cette fois du mauvais vouloir du duc de Bourgogne, réunit une petite flotte et s'en alla jeter l'ancre dans le port de Leith, près d'Édimbourg, sans avoir rencontré un seul vaisseau qui fît mine de vouloir lui barrer le passage. Il avait avec lui environ quinze cents hommes. Les Écossais l'accueillirent avec moins d'empressement qu'il ne s'y était attendu ; cependant ils se rangèrent sous ses drapeaux au nombre d'environ six mille.

Quand la nouvelle de l'arrivée de Jean de Vienne en Écosse se répandit à la cour de Richard, on eût dit que cent mille Français étaient aux portes de Londres; une armée de quatre-vingt mille hommes fut levée en toute hâte, et Richard, en ayant pris lui-même le commandement, s'avança à marches forcées vers l'Écosse. C'était un spectacle bien glorieux pour l'*amiral de la mer*, comme on l'appelait alors, que celui d'un roi d'Angleterre convoquant le ban et l'arrière-ban de la noblesse de son royaume, et se mettant lui-même à la tête de ses grands vassaux pour se défendre contre six à sept mille hommes devenus tout à coup redoutables par sa seule présence au milieu d'eux. Mais les Écossais n'eurent pas plus tôt aperçu du haut de leurs montagnes l'innombrable armée qui s'avançait contre eux, qu'ils se retirèrent en toute hâte, et laissèrent l'amiral français dans un grand embarras. Néanmoins son parti fut bientôt pris. Pendant que les Anglais pénétraient en Écosse par la partie orientale, de Vienne, par une marche forcée à travers des sentiers presque impraticables, franchit leurs propres frontières par l'ouest, et s'avança dans le pays complètement dégarni de troupes, qui toutes avaient été dirigées contre lui en Écosse.

Il résulta de cette audacieuse manœuvre que, pendant que Richard, renversant tout devant lui, marchait sur Édimbourg, de Vienne traversait le Cumberland, les comtés de Lancastre, de Chester, et pénétrait jusqu'au cœur du pays de Galles, rançonnant villes et châteaux, et mettant tout à feu et à sang sur son passage. Richard, rappelé par les cris de détresse de ses sujets, se hâta de sortir de l'Écosse pour venir à leur secours; mais, au moment même où il quittait ces contrées par un côté, de Vienne y rentrait par l'autre, regagnait ses vaisseaux, qu'un de ses officiers lui avait conservés intacts, et voguait heureusement vers la France.

Ainsi que l'amiral l'avait espéré, ce brillant succès enflamma de nouveau toutes les têtes, et la descente en Angleterre fut plus vivement que jamais remise sur le tapis.

C'est à cette époque que fut construite cette immense ville de bois qui, se montant et se démontant avec facilité, devait être transportée en Angleterre pour servir de place d'armes et de refuge aux troupes débarquées.

Elle avait, disent les historiens, trois mille pas de diamètre; ses fortifications consistaient en palissades de cinq mètres de haut et garnies de distance en distance de tourelles crénelées. Quatre rues principales, aboutissant à chacune de ses quatre portes, la traversaient en croix.

Des milliers d'ouvriers travaillèrent à cette bizarre construction, dont le connétable de Clisson faisait présent au roi.

Soixante-douze vaisseaux la reçurent et la transportèrent à l'Écluse, où était le rendez-vous général de toute l'expédition.

En septembre 1386, treize cent quatre-vingt-sept bâtiments se trouvaient réunis, prêts à recevoir plus de cent mille hommes de troupes. Les seigneurs avaient décoré ceux qu'ils montaient avec un luxe et une magnificence inouïs : les plus riches tentures, les pavillons de soie, les devises, les banderoles flottaient au sommet d'une forêt de mâts, et présentaient un spectacle aussi imposant que neuf.

L'Angleterre était consternée : persuadée qu'il n'y avait aucun salut pour elle si l'entreprise venait à être poussée jusqu'au bout, elle n'épargna rien pour la faire avorter, et n'y réussit que trop bien, grâce à la trahison de quelques-uns des princes du sang et des grands vassaux de la couronne, qui se laissèrent honteusement séduire à prix d'or.

Pour tourner plus rapidement cette triste page de notre histoire, nous dirons en deux mots que ce grand et glorieux projet s'en alla en fumée, et qu'après avoir tremblé, les Anglais se moquèrent de nous.

Jean de Vienne, désespéré, quitta probablement la mer; car depuis ce moment nous ne le trouvons plus qu'en 1388, au siège de Carthagène, avec le duc de Bourbon, et en 1396 à la bataille de Nicopolis, où il fut tué en combattant encore comme un jeune homme, malgré ses soixante-seize ans.

DUQUESNE

1610

Abraham Duquesne naquit à Dieppe en 1610. Dès sa première jeunesse, son père, capitaine de vaisseau, l'associa à ses périls, et dirigea entièrement son éducation vers la marine. L'aptitude, l'intelligence et le courage du novice répondirent aux soins dont il était l'objet, et dès l'âge de dix-sept ans Abraham secondait déjà son père avec une habileté, un sang-froid et une présence d'esprit qui faisaient l'admiration des officiers et des matelots. Ce qu'il y eut dans la jeunesse de Duquesne d'extrêmement remarquable, c'est qu'en maintes occasions il donna de nombreuses preuves de cette circonspection et de cette prudence qui lui valurent plus tard ses plus beaux triomphes. Mais si, avant d'engager une action, il prenait les plus minutieuses précautions pour combattre avec le plus d'avantage possible; s'il manœuvrait des heures entières avec une patience à toute épreuve

2

pour n'attaquer l'ennemi que lorsqu'il n'avait rien oublié pour s'assurer la victoire, une fois l'affaire entamée, il payait si bien de sa personne et se ménageait si peu, que jamais on n'osa supposer que sa prudence provînt de la timidité ou de l'irrésolution. Ce ne fut qu'en 1637 qu'il entra dans la marine royale. Jusque-là il avait navigué avec son père et entrepris de nombreux voyages, visitant les ports et les arsenaux, et ne négligeant aucun moyen de s'instruire dans toutes les parties de son art.

Avec son brevet de capitaine il reçut l'ordre de se joindre à la flotte qui devait chasser les Espagnols des îles de Lérins. Une des particularités de ce combat, c'est que, pendant une trêve de deux heures, le commandant du fort espagnol invita les capitaines français à boire à la santé des rois des deux nations en guerre. Ceux-ci acceptèrent, et quelques instants après le combat recommença de plus belle.

Pendant que Duquesne était occupé dans cette glorieuse expédition, il apprit la mort de son père, tué par les Espagnols à bord de son vaisseau, avec lequel il escortait un convoi qui venait de Suède en France. Cette nouvelle lui arracha des larmes de douleur et de rage, et dès ce moment il jura aux Espagnols une haine implacable dont ils ne tardèrent pas à ressentir les terribles effets.

La flotte rencontra bientôt les Espagnols dans les eaux de Gattari; leur amiral avait rangé ses vaisseaux sous la protection d'une formidable artillerie qui défendait la côte et battait toute la rade. Il se croyait tellement inattaquable, que ses matelots se mirent à huer les Français dès qu'ils furent en vue. L'événement vint singulièrement les désabuser : la flotte française, sans se laisser intimider ni arrêter par l'épouvantable feu des batteries et des vaisseaux, s'avança résolument. Duquesne avait été laissé à l'arrière-garde pour voler au secours du premier vaisseau qui faiblirait ; il profita de cette inaction pour préparer un brûlot qu'il dirigea à travers toute l'escadre française vers les navires espagnols ; sa route avait été si bien calculée, qu'il dériva droit sur eux et s'enflamma en touchant à une galère qui fut en un instant enveloppée par les flammes. A cette vue l'amiral français fait préparer d'autres brûlots, qui, poussés par un vent favorable, s'abattent sur les vaisseaux espagnols et les embrasent. Ce fut alors un spectacle épouvantable même pour les vainqueurs : on voyait matelots et soldats enveloppés dans un immense incendie, sauter d'un bâtiment sur l'autre pour échapper aux flammes qui naissaient sous leurs pieds. En ce moment, dit un historien, la flotte espagnole offrait l'aspect d'une forêt qui brûle, sans laisser sur elle, à qui que ce soit, le plus faible espoir de salut. Aucun vaisseau n'échappa à ce désastre, où périrent plus de trois mille marins.

Quoique Duquesne n'eût pas trente ans et qu'il fût simple capitaine de vaisseau, on lui attribua les honneurs de la journée. N'était-ce pas, en effet, son brûlot qui le premier avait allumé l'incendie qui acheva de brûler l'escadre espagnole? Notre héros se distingua encore les années suivantes dans l'expédition de la Corogne, au combat devant Tarragone. A celui de Gata il donna de si nombreuses preuves de bravoure et d'habileté que, sans les troubles de la minorité de Louis XIV, qui vinrent paralyser les guerres maritimes, il est hors de doute que dès ce moment Duquesne eût été appelé à un poste supérieur, au commandement d'une division par exemple.

Insensible aux douceurs du repos, il résolut d'offrir son bras à une puissance amie, et dans ce but il demanda et obtint l'autorisation de passer au service du roi de Suède, alors allié de la France. Nommé vice-amiral de la flotte suédoise, il attaqua les Danois à la hauteur de Gothenbourg et les mit en fuite. Le roi de Danemark, voulant réparer cet échec, prit lui-même le commandement de son escadre, et vint chercher les Suédois. C'était la première fois que Duquesne commandait en chef, ou du moins qu'il avait l'occasion de déployer ses talents comme tacticien. Ses dispositions furent admirables et il leur dut une victoire qui lui fut disputée pendant deux jours entiers. Enfin, par une manœuvre d'une audace et d'une précision étonnantes, il passa derrière le vaisseau amiral et lui envoya à portée de pistolet une bordée si terrible qu'elle fracassa sa poupe, et que ses boulets, enfilant le navire ennemi dans toute sa longueur, tuèrent ou blessèrent la moitié de son équipage. Le vaisseau, désemparé, amena sur-le-champ son pavillon, et le reste de la flotte se dispersa. Duquesne croyait y trouver le roi de Danemark; mais ce prince, blessé à l'œil par un éclat de bois, s'était fait mettre à terre une demi-heure avant la prise de son vaisseau, où le pavillon royal n'avait cependant pas cessé de flotter. Une paix glorieuse pour la Suède fut la conséquence de cette victoire, et le marin français revint dans sa patrie, après avoir été comblé d'honneurs et de récompenses magnifiques.

Il en profita pour équiper à ses frais une flottille avec laquelle il courut sur les Espagnols, ses ennemis de prédilection, qui, profitant des troubles de la France, envoyaient une escadre au secours de Bordeaux révolté. En route il rencontra une division anglaise, dont le commandant lui fit dire de baisser son pavillon devant lui et de lui rendre les honneurs. « Le pavillon français, répondit Duquesne, ne sera jamais déshonoré tant que je l'aurai à ma garde; laissez-moi passer, ou le canon décidera. » L'action suivit de près la menace, et les navires anglais s'éloignèrent bientôt avec des avaries considérables. Il arriva sans autre accident à l'embouchure de la Gironde, dont il bloqua si étroitement l'entrée que les Espagnols n'essayèrent même pas de la forcer. La capitulation de Bordeaux, devenue inévitable, prouva l'importance du service que Duquesne venait de rendre à la monarchie. La régente Anne d'Autriche, pour récompenser sa bravoure et son désintéressement, lui conféra le titre de chef d'escadre, et lui donna le château de l'île d'Indret, près de Nantes, pour l'indemniser de ses frais d'armement.

Dans la guerre maritime qui éclata en 1672, il se couvrit de gloire dans les combats qui se livrèrent dans la Manche. Ce fut à cette époque qu'il se mesura la première fois, sous les ordres de l'amiral d'Estrées, avec le fameux Ruyter, le seul rival digne de lui. Bientôt il fut chargé de seconder le marquis de Vivonne, général des galères de France, parti de Toulon pour ravitailler Messine. Une escadre espagnole voulut leur barrer le passage; elle était fort supérieure en nombre, et commandée par le brave Melchior de la Cueva. Vivonne eut le bon esprit de suivre en tout point les conseils de Duquesne, qui sut par d'habiles évolutions suppléer à la faiblesse numérique de sa division. Vainement les Espagnols essayèrent-ils d'aborder les bâtiments français. Duquesne avait si bien pris ses mesures que, malgré tous leurs efforts, aucun des navires de Melchior ne put approcher un seul des vaisseaux français. Trois bâtiments avaient pris celui que montait Duquesne pour but de leurs coups: tantôt ils s'avançaient de front, tantôt de trois points de l'horizon; mais le calme et intrépide Dieppois tournait autour d'eux, allait, venait, glissait sous leurs grappins, sans cesser pour cela de les foudroyer sans relâche de ses épouvantables bordées. Enfin, après trois heures d'attaques de plus en plus impuissantes, à moitié désemparés et coulant bas, ils s'éloignèrent honteusement, et allèrent rejoindre l'escadre de don Melchior, qui lui-même n'avait pas été plus heureux.

Ce brillant combat fut, pour ainsi dire, le prélude des triomphes qui attendaient Duquesne dans la Méditerranée. Ruyter venait d'y paraître à la tête de sa puissante escadre, et bientôt les regards de toute l'Europe se fixèrent sur les parages où la suprématie de la mer allait se décider, où les premiers marins de leur siècle et des siècles passés devaient forcément en venir aux mains.

Duquesne envoya à Paris un plan de campagne qui parut si supérieur et si habilement conçu à Louis XIV et à son premier ministre Colbert, qu'il fut adopté sans réserve. L'exécution en revenait de droit à celui qui l'avait formé. Ce dut être un beau jour pour Duquesne, parvenu à la soixante-quatrième année de son âge, que celui où il lui fut enfin donné de diriger en chef une grande expédition, et de se trouver à la tête des forces maritimes de la France! Jusque-là il n'avait pas encore pu donner un libre essor à son génie, et déployer toutes les qualités éminentes que chacun se plaisait à reconnaître en lui. Il était surtout ravi d'avoir pour antagoniste, pour rival, Ruyter, la plus grande illustration navale de ce temps-là.

Ce célèbre amiral des Provinces-Unies se trouvait alors à quelques lieues de Messine. Un capitaine anglais lui ayant demandé ce qu'il faisait dans ces parages, il avait simplement répondu : « J'attends le brave Duquesne. » Le commandant français ne se fit pas longtemps attendre, et les deux flottes se rencontrèrent vers l'île de Stromboli, surnommée le *fanal* de la Méditerranée, parce qu'elle élève à plus de six cent soixante-dix mètres au-dessus des flots le cratère de son volcan, dont les flammes pendant l'obscurité de la nuit répandent au loin sur la mer de sanglants et lugubres reflets.

C'était le 7 janvier 1676. Ruyter avait vingt-quatre vaisseaux de guerre; pour l'escadre de Duquesne, elle ne se composait que de vingt vaisseaux; mais comme la plupart de ses navires, pris isolément, surpassaient en force ceux des Hollandais, la partie était à peu près égale.

Pendant toute la première nuit, les deux flottes coururent sur une ligne parallèle, cherchant par tous les moyens imaginables à se gagner le vent. Au point du jour, le vent changea subitement et rendit inutile l'avantage que Ruyter avait gardé. Duquesne, après avoir divisé son escadre en trois parties, laissa arriver les Hollandais. Cette évolution s'accomplit avec tant d'ordre et d'ensemble que Ruyter ne put s'empêcher de s'écrier : « Si je n'étais Ruyter, je voudrais être Duquesne. » Le combat s'engagea bientôt sur toute la ligne. Duquesne se multiplia pendant l'action, et combattit successivement au centre, à l'aile droite, à l'aile gauche; partout où l'un de ses capitaines était sur le point de plier, le vaisseau amiral se présentait et changeait la face de la lutte. Deux fois il arracha le *Pompeux,* que commandait le brave Valbelle, à une perte assurée : ce vaisseau avait osé s'attaquer à l'amiral hollandais, et deux heures durant il soutint contre Ruyter une lutte surhumaine. Enfin il allait être écrasé, quand pour la troisième fois Duquesne s'avance entre les deux combattants, et présente bravement le travers à son redoutable ennemi. Dès ce moment, par une espèce de convention tacite, le feu se ralentit sur toute la ligne, et tous les yeux se portent vers l'étroit espace où les deux amiraux commencent un duel décisif.

En un instant une épaisse fumée, que déchirent des milliers d'éclairs, enveloppe les deux navires; les bordées sont si rapides qu'on n'entend bientôt plus qu'un roulement continuel de détonations effroyables. Enfin un boulet parti du vaisseau français coupe une des manœuvres les plus importantes de Ruyter, et l'amiral hollandais se résout à plier devant son rival. Quel triomphe, quelle joie pour Duquesne! Mais trop habile pour rien hasarder et pour compromettre par une fausse manœuvre le succès d'une journée qu'il regardait comme la plus belle de sa vie, il ne voulut pas troubler la retraite de Ruyter, que ce dernier exécutait du reste dans un ordre admirable. En ce moment un officier nommé Champagne proposa à Duquesne d'accrocher le brûlot qu'il commandait aux flancs de l'amiral hollandais. Duquesne y consentit; mais, avant d'être abordé par le brûlot, Ruyter lui coupa son mât de hune de sa première volée, et le désempara tellement de sa seconde, que Champagne y mit le feu sans autre objet que de l'empêcher de tomber au pouvoir de l'ennemi. Deux autres brûlots s'avancèrent à la fois, mais ne réussirent pas davantage; et, foudroyés par les canons de Ruyter, ils coulèrent sous les pieds de leurs commandants.

Cette victoire ne fit pas oublier à Duquesne le but de son expédition, qui était le ravitaillement de Messine. Ruyter le savait, et sa retraite cachait un piège : il comptait arriver à temps dans le détroit pour choisir une position formidable, et forcer ainsi Duquesne à l'attaquer de nouveau; mais le commandant français, qui devina son intention, et qui n'était pas homme à sacrifier la fortune de la France à de misérables sentiments de vanité et d'amour-propre, laissa les Hollandais se fortifier à leur aise dans le détroit; et, tournant rapidement autour de la Sicile, il arriva à Messine par le sud.

Cette belle manœuvre donna la mesure de la sagesse et de la prudence de Duquesne. Jusque-là nos amiraux et nos marins, cédant toujours aux inspirations d'une bravoure et d'une fierté exagérées, avaient l'habitude de ne jamais se préoccuper que d'une seule chose, de leur gloire personnelle. Attaquer l'ennemi, quelle que fût sa supériorité, ne jamais reculer, telle était leur unique et suprême loi : aussi que de sang inutilement versé! que d'entreprises manquées! que de triomphes stériles!

Louis XIV, instruit par le duc de Vivonne des exploits de Duquesne, lui écrivit de sa main pour le féliciter et lui témoigner sa satisfaction.

Trois mois plus tard, Ruyter revint devant Messine. Les commandants français se réunirent aussitôt en conseil de guerre, où Duquesne proposa de livrer bataille; il ajouta qu'il se chargeait de l'opération, et que de plus il en répondait.

Cette bataille offrit à peu près les mêmes circonstances que celle de Messine. Duquesne et Ruyter y déployèrent la même habileté, les mêmes talents; mais au milieu de l'action le vaisseau amiral hollandais plia tout à coup et sembla vouloir ensevelir un triste mystère dans les nuages de fumée qui l'enveloppaient. On apprit, en effet, quelques jours plus tard, que le vieil amiral avait été emporté par un boulet.

Duquesne donna des larmes à sa mémoire, et prouva toute l'admiration et la sympathie que lui inspirait le héros hollandais; car, rencontrant bientôt une frégate des Provinces-Unies qui, après les plus incroyables efforts pour échapper à sa division, avait été forcée de se rendre, il en avait pris possession, lorsque son capitaine lui avoua qu'il était chargé de la douloureuse mission de rapporter dans sa patrie le cœur de Ruyter.

Aussitôt Duquesne autorisa l'officier hollandais à rehisser son pavillon, et voulut, à la tête de son état-major, aller rendre hommage aux restes de son ancien rival. En entrant dans la chambre funéraire, où sur une espèce d'autel on avait déposé le cœur de Ruyter dans une urne d'argent, il se découvrit avec respect, et s'écria : « Voilà donc tout ce qui vous reste d'un si grand homme ! » Non seulement il défendit d'humilier de quelque manière que ce fût l'équipage du navire, mais il donna encore à son commandant un sauf-conduit qui lui permît de gagner sans être inquiété les ports de la Hollande.

Dès ce moment, celui qui avait triomphé du grand Ruyter ne fut plus nommé que le grand Duquesne.

Pour reconnaître de si éclatants services, Louis XIV érigea en marquisat, sous le nom de Duquesne, la terre de Bouchet, près d'Étampes, et lui en fit don après la conclusion de la paix. Duquesne fut alors au nombre des officiers appelés à la cour pour donner leur avis sur l'organisation de la marine. On remarqua que, dans les conférences qui eurent lieu, il sacrifiait généreusement son opinion quand il croyait que celle d'un autre valait mieux que la sienne.

En 1683, il eut le commandement de la flotte chargée d'aller mettre les Tripolitains à la raison, et les deux années suivantes il alla bombarder Alger ; c'est contre cette ville qu'on employa pour la première fois des galiotes à bombes. Leur inventeur s'appelait Petit-Renaud : quand il parla de son projet, on le traita d'abord de visionnaire; mais Duquesne se déclara son protecteur, et obtint qu'on lui laissât faire un essai. Petit-Renaud fit construire de petits bâtiments très solides auxquels il donna une forme particulière et y installa un mortier. Quand il voulut s'en servir devant Alger, des circonstances qu'il n'avait pas prévues nuisirent à son opération, et peu s'en fallut qu'il n'incendiât un vaisseau de la flotte. Les officiers de la flotte le traitèrent de nouveau de visionnaire et de fou, et supplièrent Duquesne de le renvoyer en France avec ses galiotes, dont l'emploi offrait tant de dangers et si peu de résultats; mais Duquesne, qui aimait la fermeté de Petit-Renaud, et qui trouvait ses raisonnements fort justes et fort sensés, lui facilita un second essai. Cette fois il réussit complètement : ses bombes changèrent Alger en un monceau de cendres, et leur effet était si terrible qu'une seule, tombant sur une galère ennemie, la brisa et tua tous ceux qui la montaient.

Mais le manque de munitions et les approches de la mauvaise saison forcèrent bientôt Duquesne à retourner en France. Il ne voulut cependant partir qu'après avoir mis ce repaire de pirates dans l'impossibilité de répandre de longtemps l'effroi parmi les navigateurs de la Méditerranée. Il eut encore la satisfaction de briser les fers d'une quantité d'esclaves qu'il ramena en France.

Le bombardement de Gênes fut le dernier exploit de Duquesne. Il se retira à Paris, et quand, parvenu à une vieillesse avancée, il demanda un nouveau commandement, Louis XIV lui dit : « Monsieur Duquesne, un homme qui a servi aussi longtemps et aussi utilement que vous doit se reposer. Ceux qui vont commander mes flottes suivront vos exemples et vos leçons, et ce sera encore vous qui conduirez mes vaisseaux. »

Duquesne mourut le 2 février 1688, à l'âge de soixante-dix-huit ans.

TOURVILLE

1642

Le comte de Tourville fut un de ces hommes qui, pour ainsi dire, naissent avec une vocation décidée. Encore enfant, il rêvait déjà mers et vaisseaux, combats surtout.

Sa famille, que de telles dispositions flattaient agréablement, le fit, à quatorze ans, recevoir chevalier de Malte; mais le grand maître de cet ordre qui a laissé de si brillants souvenirs, et qui fut une pépinière féconde de marins intrépides et de grands capitaines, ne se doutait pas, en donnant l'accolade à ce jouvencel aux yeux bleus et mélancoliques, au teint rosé, à la figure délicate, efféminée même, qu'il voyait devant lui un futur maréchal de France.

Ce qui prouve jusqu'à quel point les manières et la physionomie du jeune Tourville formaient un contraste frappant avec l'indomptable énergie de son âme, c'est la lettre qu'écrivit le brave capitaine d'Hocquincourt au duc de la Rochefoucauld, qui le lui avait recommandé en le priant de le prendre sur sa frégate. « Que voulez-vous que je fasse, mandait-il, sur un vaisseau armé en course, d'un Adonis plus propre à servir les dames de la cour qu'à supporter les fatigues de la mer? » D'Hocquincourt l'accueillit cependant, mais uniquement, avoua-t-il depuis, par condescendance pour le duc, et dans l'espérance que la première affaire le dégoûterait du métier.

Quelques jours après, la frégate sortit du port de Marseille et établit sa croisière dans les eaux du cap Matapan. Un vaisseau algérien vint bientôt l'y attaquer. Après une vive canonnade, l'algérien, se confiant dans la supériorité numérique de son équipage, aborda résolument la frégate. Mais quel dut être l'étonnement du capitaine d'Hocquincourt en voyant partout, au plus fort de la mêlée, son *Adonis* maniant la hache et le sabre avec une incroyable vigueur et renversant tout devant lui!

Cependant ce n'était encore que le prélude d'exploits plus étonnants. A peine le vaisseau algérien était-il pris, qu'un vaisseau tripolitain sortant tout à coup de derrière le cap Matapan accourut pour venger la défaite de son allié. Le capitaine français ne savait pas ce que c'était que de battre en retraite devant un pirate; aussi quelle que fût son infériorité, rendue encore plus grande par les pertes qu'il avait faites dans son premier combat, il ne s'occupa qu'à tout préparer pour une nouvelle lutte.

Pendant plus de trois heures on se battit à distance. Enfin d'Hocquincourt crut s'apercevoir d'une espèce de tumulte sur le bâtiment ennemi, dont le feu se ralentit en même temps. « Arrive sur le tripolitain! » s'écria-t-il aussitôt. Un coup de barre donné à propos engagea le beaupré de la frégate dans les agrès du pirate; l'équipage barbaresque n'était pas encore revenu de la stupeur dans laquelle l'avait jeté une manœuvre si audacieuse, que déjà Tourville s'était élancé au milieu des pirates. Vingt bras se levèrent à l'instant sur lui : mais, adroit, agile, impétueux, il décrit autour de lui avec sa hache un cercle fatal qu'on ne franchit qu'en mourant. Enflammés par son exemple, cinq ou six volontaires et une trentaine de matelots se précipitèrent à ses côtés.

D'Hocquincourt ne s'était point trompé en pensant qu'un événement funeste venait de se passer à bord du tripolitain quand il avait commandé l'abordage : son capitaine et deux officiers avaient été tués presque à la fois, et il ne restait plus qu'un lieutenant. Cette circonstance seule rendait la victoire possible.

Chaque Français avait au moins six Tripolitains à combattre; mais Tourville à lui seul vaut un équipage, et son exemple transforme en héros ceux qui l'ont suivi. Enfin, après une lutte acharnée, une boucherie affreuse dans laquelle tous les musulmans périrent, le jeune aspirant dédaigné, les deux pieds dans le sang et entouré de cadavres, se tournant vers son capitaine, lui crie avec un geste triomphateur : *Il est à nous!*

D'Hocquincourt, dans son enthousiasme, confesse aussitôt son erreur, et salue Tourville lieutenant du vaisseau qu'il venait de conquérir.

A peine fut-il réparé et armé, que ce navire reprit immédiatement la mer sous la conduite du capitaine d'Artigny, ayant Tourville pour second. Ils ne tardèrent pas à rencontrer un bâtiment tunisien, qui, trompé par l'apparence du vaisseau capturé, qu'il prit pour turc, s'approcha sans défiance. Une épouvantable bordée le détrompa bientôt; mais un des premiers coups partis du bord ennemi emporta d'Artigny. La canonnade durait depuis une demi-heure, quand on annonça à Tourville qu'une voie d'eau considérable venait de se déclarer, et que les pompes seraient impuissantes pour maintenir le bâtiment sur l'eau.

Dans cette position critique, Tourville a bientôt pris son parti : c'est de se jeter avec tout son monde sur le vaisseau ennemi; il l'aborde, et en ce moment se passe la scène étrange sur laquelle il avait compté. Tandis que les Tunisiens envahissaient en foule son navire, Tourville et les siens envahissent le leur. A peine ce bizarre échange s'est-il opéré, que l'avarie du vaisseau de Tourville, dont les pompes étaient abandonnées, y laisse pénétrer une immense colonne d'eau; elle ne tarde pas à le remplir; un mugissement, avant-coureur de sa perte, sort de ses flancs inondés, et bientôt il tournoie et s'engloutit, entraînant avec lui plus de cent cinquante infidèles.

Cependant il restait encore assez de Tunisiens à bord de leur vaisseau pour rendre la victoire indécise; mais cinquante esclaves chrétiens étaient enchaînés dans la cale. Le bruit du combat parvient jusqu'à eux, ils s'agitent dans leurs fers et appellent à grands cris leurs frères. Tourville les entend, fait briser les écoutilles et les rend à la liberté. Ce secours inopiné achève la défaite des Turcs.

Tourville avait été fait lieutenant du premier vaisseau qu'il avait pris, on le nomma capitaine du second. Ce fut ainsi qu'il mérita tous ses grades.

Il continua pendant six années à se signaler par une longue série d'exploits dans cette guerre contre les États barbaresques. Ses courses l'ayant conduit en 1666 à Venise, le doge, en reconnaissance des services qu'il avait rendus à la république en purgeant l'Archipel des corsaires qui l'infestaient, lui remit un brevet dans lequel il était qualifié de protecteur du commerce et d'*invincible*. Ce brevet était accompagné d'une médaille et d'une chaîne d'or du plus grand prix. L'année suivante, Tourville rentra en France.

Le roi accueillit avec la plus grande distinction le capitaine de vaisseau de vingt-trois ans, et toute la cour voulut voir le chevalier qui se battait comme un lion.

Lorsqu'en 1669 Louis XIV résolut d'envoyer une

armée au secours de Candie, ce fut Tourville qu'il désigna lui-même pour cette expédition. Au combat de Soulthbaq, à celui de Messine, il se couvrit de nouveaux lauriers, et acquit cette expérience des choses de la mer qui seule fait le marin accompli, et que les plus brillantes qualités ne peuvent, en aucun cas, remplacer. Il accompagna ensuite Duquesne dans toutes ses expéditions contre Alger, et acheva, à l'école de ce grand homme, de se rendre digne d'être placé à la tête des forces navales de la France. Ce fut vers cette époque que, sa famille le pressant de se marier, le roi lui-même lui proposa une demoiselle de grande qualité, mais sans fortune. Tourville lui représenta respectueusement que, n'ayant que son épée, il ne pouvait faire ce mariage et profiter de la bonté du roi pour imposer à une femme du plus haut rang toutes les privations d'une maison gênée. A quelque temps de là il épousa la veuve du marquis de la Popelinière. Le roi, en signant son contrat, lui dit ces paroles flatteuses : *Je souhaite que vous ayez des enfants d'un mérite aussi distingué que le vôtre, et qui soient aussi utiles à l'État que vous.*

Lorsque Louis XIV réunit dans le port de Brest la plus belle flotte qu'eût jamais possédée la France, le commandement suprême en fut donné au vice-amiral de Tourville. Il avait sous lui, pour le seconder, soit comme chefs de division, soit comme cepitaines de vaisseau, soit comme lieutenants, Victor d'Estrées, Château-Regnaud, Pointis-Relingue,

Coët-Lozoy, les trois frères d'Ampreville, Gabaut, et tant d'autres hommes supérieurs dont les noms sont devenus historiques.

Soixante-dix vaisseaux de guerre, dix-huit brûlots, cinq corvettes et quinze galères sortirent de Brest dans un ordre admirable pour aller à la recherche des flottes combinées de l'Angleterre et de la Hollande, mais le temps devint tout à coup si mauvais que Tourville fut obligé de relâcher au Camaret. Bientôt il reprit la mer, et, pour mettre la flotte ennemie dans l'impossibilité de refuser le combat sans se couvrir de honte, il alla la chercher jusque sur les côtes de l'Angleterre, et s'établit en face de Plymouth.

Ce fut le 16 juillet 1690, jour à jamais glorieux pour la marine française, que les deux escadres se trouvèrent en présence.

Nous n'imiterons pas ces historiens qui, emportés par un sentiment outré d'amour-propre national, ne manquent jamais d'exagérer les forces ennemies, et de chercher, aux dépens de la vérité, à rehausser la valeur d'une victoire et le mérite d'un capitaine. Nous reconnaîtrons, au contraire, que si l'escadre anglo-hollandaise avait cent douze bâtiments à opposer à la flotte française, la moitié de ces bâtiments étaient d'une infériorité marquée en hommes et en canons.

Mais ce qui est aussi incontestable, c'est que Tourville disposa ses vaisseaux avec une telle habileté, dirigea leurs évolutions avec tant de sang-froid, sut si bien profiter de toutes les chances du combat, de toutes les variations du vent, que la plus complète des victoires ne lui coûta pas un vaisseau, et que ses pertes furent tout à fait insignifiantes en comparaison de celles de l'ennemi, qui eut mille hommes tués et plus de quinze cents blessés; quinze de ses vaisseaux furent, en outre, pris ou brûlés.

Les suites de ce désastre jetèrent la consternation en Angleterre et en Hollande, et jamais, dit un auteur de cette nation, la Grande-Bretagne n'avait encore été si près de sa perte [1].

Tourville, pour compléter sa victoire et en tirer toutes les conséquences possibles, voulait côtoyer tout le littoral de l'Angleterre et brûler, jusque dans ses ports et baies, les bâtiments, soit de guerre, soit marchands, qui s'y étaient réfugiés en le voyant maître de la mer. Mais les Anglais, qui pénétrèrent ses desseins, firent enlever ou détruire les balises et les signaux qui indiquaient les passages dans ces mers entrecoupées de bas-fonds, de bancs de sable et de rochers; en sorte que le vice-amiral dut renoncer à son projet, qu'il n'aurait pu exécuter sans compromettre gravement le salut de sa flotte.

Il réussit cependant à pratiquer une descente à Tingmouth dans le Northumberland. L'incendie de douze vaisseaux fut le fruit de cette expédition,

[1] Les Anglais venaient presque en même temps de perdre la bataille de Fleurus.

qui ne dura que cinq heures et ne coûta la vie à aucun Français.

Tourville rentra alors à Brest : il avait montré que chez lui une prudence consommée s'alliait au plus bouillant courage; sa fameuse campagne du large devait en donner une preuve plus décisive encore.

Cette campagne, qui ne fut remarquable par aucune grande bataille, passe, aux yeux des connaisseurs, pour une merveille de tactique. Les alliés avaient fait pendant l'hiver des efforts inouïs pour réparer leurs vaisseaux et en construire de nouveaux; aussi possédaient-ils au printemps la plus formidable escadre, telle enfin que jamais puissance n'en avait équipé. Tourville résolut, sinon de rendre cet armement inutile, du moins de l'occuper assez pour paralyser toutes les entreprises que les Anglo-Hollandais voudraient tenter.

Pendant qu'ils le croyaient caché au fond de nos ports, il croisait depuis quinze jours à l'entrée de la Manche, où il capturait tous les navires qui voulaient y pénétrer ou en sortir. Ayant appris qu'un convoi riche de trente millions devait être dans les parages de l'Irlande, il s'approche des Sorlingues, tombe au milieu de la flottille et s'empare d'une vingtaine de bâtiments; les autres ne s'échappèrent qu'à la faveur d'une brume épaisse qui s'éleva subitement.

A cette nouvelle, l'amiral Russel, qui commandait l'escadre combinée, se met à la poursuite de Tourville. Celui-ci, trop faible pour risquer une bataille, s'élève en pleine mer; son ennemi le poursuit, et pendant cinquante-cinq jours les deux flottes restent en présence, sans que Russel puisse mettre Tourville dans la nécessité de combattre autrement que dans des positions où toutes les chances étaient pour les Français. Honteux, désespéré, il s'éloigne enfin et va établir sa croisière sur les côtes d'Irlande. Là, surpris par une affreuse tempête, il regagne à grand'peine un port avec son escadre désemparée, tandis que son heureux rival continue à protéger les envois d'Irlande, et termine cette campagne mémorable, qui n'avait rien coûté à la France, en ramenant à Brest ses vaisseaux dans le meilleur état.

Il est indispensable, pour que le lecteur puisse s'expliquer par quelle fatalité Tourville livra avec la plus sublime résignation le funeste combat de la Hogue, que nous rappelions en peu de mots la situation respective de la France et de l'Angleterre.

Guillaume III et Jacques II se disputaient le trône d'Angleterre; mais la fortune semblait vouloir accabler ce dernier. Vaincu dans plusieurs combats, traqué d'asile en asile, Jacques II avait été forcé de se réfugier en France, où Louis XIV lui donnait une hospitalité vraiment royale.

Cependant, quoique sa cause parût désespérée, Louis XIV persista à soutenir ce prince, qui avait encore en Irlande un parti puissant, dont ses défaites mêmes redoublaient la force et l'énergie.

Les choses en étaient à ce point quand Louis XIV apprit que l'amiral Russel venait d'opérer sa jonction avec les Hollandais. Aussitôt, sur l'assurance que Jacques II lui donne que la plupart des capitaines de la flotte sont gagnés, que Russel lui-même est presque ébranlé et n'attend, pour se déclarer, qu'une circonstance favorable, il envoie à Tourville cet ordre inconcevable et qu'on a peine à croire émané d'un grand monarque : *Allez chercher mes ennemis et combattez-les, forts ou faibles, partout où vous les trouverez, quoi qu'il puisse en arriver.* L'anéantissement de notre marine fut le terrible châtiment d'un si coupable oubli des droits de l'humanité.

Tourville n'avait que trente-neuf vaisseaux à sa disposition; quelques renforts en portèrent le nombre à quarante-quatre, et c'est avec une aussi faible escadre (faible relativement aux forces ennemies) qu'il appareilla de Brest, résolu d'exécuter à la lettre les ordres qu'il avait reçus.

Pendant ce temps-là on avait ouvert les yeux à Versailles; des lettres arrivées de Londres donnaient avis que le complot formé par les partisans de Jacques II avait été découvert, et qu'il ne fallait plus compter sur les défections.

Dix corvettes[1] (barques longues, légères, à

1 Il ne faut pas confondre ce bâtiment avec la corvette d'aujourd'hui, qui prend immédiatement rang après la frégate, et

voiles et à rames, hors d'usage aujourd'hui) furent immédiatement expédiées de Cherbourg à la recherche du vice-amiral; mais il était trop tard, aucune ne le rencontra. Tourville, favorisé par un vent d'ouest, venait d'entrer dans la Manche, quand, à quatre heures du matin, entre le cap de la Hogue et la pointe de Barfleur, il reconnut la flotte combinée d'Angleterre et de Hollande; elle se composait de quatre-vingt-dix-neuf vaisseaux de ligne et de trente-sept frégates portant six mille neuf cent quatre-vingt-quatorze canons et plus de quarante mille hommes! L'escadre française était juste de moitié moins forte. Aussi Tourville, pour ne pas être accusé par ses officiers de les conduire à une effroyable et inutile boucherie, voulut-il les réunir en conseil de guerre avant d'engager le combat.

C'est alors que, sans les accompagner d'aucune réflexion, il lut les ordres dont il était porteur. Tous, d'un accord unanime, décidèrent qu'il fallait combattre.

Tourville se réserva le corps de bataille, chargea le marquis d'Amfreville de l'avant-garde, et confia l'arrière-garde au capitaine Gabaret.

Un coup de canon, parti d'un vaisseau hollandais, fut le signal du combat. Tourville s'était approché de l'ennemi, qui l'attendait en panne, jusqu'à une portée de pistolet.

porte jusqu'à vingt-six canons et un équipage de deux cents hommes.

Le feu devint aussitôt général des deux côtés. Trois vaisseaux, l'amiral Russel en tête, s'acharnèrent contre celui que montait Tourville et tentèrent de l'aborder; mais tous leurs efforts furent inutiles, et deux fois ils se virent même contraints de plier. Le combat se soutint jusqu'à la nuit, parce que Russel, se confiant trop dans sa supériorité numérique, avait attaqué tous les vaisseaux français à la fois, en sorte que chacun n'ayant affaire qu'à deux ennemis, pouvait encore rendre la victoire indécise.

Mais quand il vit que la bataille se continuait au clair de la lune, que, bien loin de céder, les Français devenaient de plus en plus ardents; quand il vit cinq ou six de ses vaisseaux horriblement fracassés et forcés de quitter leurs rangs pour se réparer à la hâte, il résolut d'en finir par une manœuvre décisive. A ses signaux, l'escadre entière se rapproche brusquement du corps de bataille que Tourville commande en personne, et l'enveloppe. En un instant, le vice-amiral français se voit comme emprisonné dans une muraille flottante qui s'allume de mille éclairs à la fois, d'où jaillit sans relâche une épouvantable grêle de fer et de plomb.

Tourville, sans s'inquiéter de ses voiles et de ses agrès qui s'envolent en lambeaux, de ses mâts qui s'écroulent, s'élance dans ses batteries; excités par sa présence, les canonniers oublient leurs fatigues et redoublent d'activité; son vaisseau, *le Soleil royal*, devient un volcan à cent cratères. Toutes les pièces partent à la fois et se rechargent comme par enchantement; mais, à mesure qu'un des vaisseaux ennemis pliait, un autre lui succédait, et Tourville ne pouvait manquer d'être écrasé, quand l'avant-garde et l'arrière-garde, qui pour rejoindre leur vice-amiral étaient obligées, à cause du calme plat, de se faire remorquer par leurs chaloupes, viennent enfin prendre part à la mêlée.

Bientôt elles ont fait une large trouée dans le cercle où Tourville était renfermé, et le combat recommence dans des conditions moins inégales, jusqu'à ce que la lune qui éclairait la scène s'enveloppa de sombres nuages. Alors il fallut bien s'arrêter. Quelques volées de canon retentirent encore par intervalles; peu à peu elles devinrent de plus en plus rares, et bientôt au plus horrible fracas succède le silence majestueux des nuits de l'Océan lorsque aucun souffle ne vient agiter ses flots.

Ainsi se termina le premier acte du combat de la Hogue. Jamais de mémoire d'homme rien de comparable ne s'était encore vu. Tourville n'avait pas perdu un seul de ses vaisseaux; tous, au contraire, étaient en état de tenir encore quelques jours la mer, et il est hors de doute que, si la France eût possédé dans la Manche un seul port fermé capable de recevoir des vaisseaux de guerre, le vice-amiral, profitant du vent d'ouest qui s'éleva vers minuit, eût conservé sa flotte entière; mais la Providence en avait décidé autrement.

A une heure du matin Tourville voulut tâcher de s'éloigner, un coup de canon fut le signal d'appareiller. La brume était si épaisse et la nuit si obscure que bientôt les navires se dispersèrent; le vent était toujours contraire pour gagner les ports de la Bretagne, et, comme les navires qui ne s'étaient pas séparés de leur vice-amiral naviguaient très mal, il fut obligé, le lendemain soir, de jeter l'ancre devant Cherbourg. Le jour suivant il s'engage dans les ras de Blanchard, entre l'île d'Aubigny et le Cotentin. Le manque d'eau et la rupture de plusieurs ancres forcèrent la division de Tourville à se fractionner de nouveau. Trois vaisseaux se réfugièrent à Cherbourg, qui, à cette époque, n'offrait encore qu'un abri insuffisant, et dix mouillèrent à la Hogue, où ils furent bientôt rejoints par quatre autres.

Les trois vaisseaux restés à Cherbourg furent attaqués avec furie par une division anglaise.

Après une résistance désespérée, leurs équipages, en les quittant, y mirent eux-mêmes le feu. Ceux de la Hogue eurent le même sort.

Le désastre se borna donc à la perte de quinze vaisseaux, dont on avait retiré les agrès et une partie des canons. Sans doute il fut grand; mais il n'eut pas l'importance que beaucoup d'auteurs lui ont donné.

Les autres navires de la flotte qui avaient combattu à la Hogue rentrèrent successivement à Brest et à Saint-Malo, où de promptes réparations les remirent bientôt en état de rendre de nouveaux services à la France, et de fournir à Tourville les moyens de venger sa glorieuse défaite.

Elle fut glorieuse, en effet, puisque l'amiral Russel lui écrivit pour le féliciter d'avoir soutenu vaillamment un combat si inégal. En France, tout le monde lui rendit la même justice. Louis XIV, en apprenant la perte de ses vaisseaux, demanda vivement : *Tourville est-il sauvé? car pour des vaisseaux on en peut trouver; mais où trouver un officier comme lui?* On doit ajouter à la gloire du monarque qu'il se souvint toujours qu'il était la première et unique cause de ce malheur; car longtemps après, étant à son balcon de Versailles avec Villeroi, il lui dit en montrant Tourville : « Voilà l'homme qui m'a obéi à la Hogue. »

Le 27 mars 1693, Tourville reçut le bâton de maréchal de France et le commandement de soixante-onze vaisseaux destinés à intercepter un convoi de bâtiments anglais et hollandais chargés pour Cadix et Smyrne. Il s'empara de vingt-sept navires et en brûla plus de soixante, en sorte que la perte des alliés s'éleva à trente-six millions au moins.

Après quelques nouvelles expéditions, qui eurent pour résultat de protéger les côtes de

Provence, infestées par des pirates qu'il traqua avec une persévérance à toute épreuve, il se vit enfin forcé d'abandonner entièrement le service de la mer. Sa santé, altérée par des fatigues sans nombre, le condamna même à un repos absolu. Il mourut à Paris le 28 mai 1701. Il était né en 1642, et avait par conséquent cinquante-neuf ans.

Tourville était aussi remarquable par l'étendue de ses connaissances que par sa bravoure surhumaine. Il avait étudié à fond la construction des vaisseaux, leur gréement, leur arrimage. C'est enfin à lui que la marine dut le premier jeu de signaux qui ait été officiellement employé. Il a servi de base à celui dont on se sert de nos jours, et qui a été composé par un homme dont le nom avait quelque chose de prédestiné, M. du Pavillon.

JEAN BART

1650

Si la France n'a point produit de marin dont le nom jouisse d'une popularité plus glorieuse, il n'en est point non plus dont le caractère ait été plus singulièrement travesti. La conséquence réellement fâcheuse des contes ridicules débités à son sujet, c'est que bon nombre de personnes se le représentent comme un sabreur admirable sur un corsaire, mais incapable de diriger une flotte; et de plus comme un matelot grossier, brutal, sans éducation, qui, parvenu aux plus hauts grades, ne perdit jamais les habitudes et le langage qui trahissaient sa basse origine. Or voici la vérité, telle qu'elle ressort de documents dont l'authenticité est incontestable.

Jean Bart, né à Dunkerque le 20 octobre 1650, était issu d'une famille d'armateurs qui jouissaient dans leur ville d'une considération méritée. Il fit ses premières armes sous Ruyter, en qualité de volontaire, et quand la guerre éclata entre la

France et la Hollande, il revint à Dunkerque, où il prit le commandement des navires équipés en course par sa famille.

Lorsqu'en 1691 le chevalier de Forbin le présenta à la cour de Louis XIV, si Jean Bart fournit aux courtisans quelques sujets de plaisanteries par ses manières simples et par sa bonne figure flamande, jamais il ne commit les inconvenances qu'on lui a prêtées. Son costume simple et terne tranchait, il est vrai, avec les nœuds de rubans et les dentelles dont de brillants officiers, habitués à gagner leurs grades dans les antichambres, étaient chamarrés; mais aucun d'eux n'eût été assez osé pour lui manquer en face.

Quant à la capacité de Jean Bart comme officier général, la suite de notre récit prouvera qu'il savait disposer une escadre, combiner une opération, et qu'enfin il avait profité des leçons du fameux amiral hollandais.

Ce n'est qu'à trente-neuf ans qu'il fut nommé capitaine de vaisseau; jusqu'à ce moment il avait constamment fait la guerre pour son propre compte et à ses risques et périls. Tantôt seul, tantôt secondé par d'autres capitaines dunkerquois, il s'élançait du port à la poursuite des navires marchands appartenant aux nations en guerre avec la France, et les capturait après avoir pris ou mis en fuite les vaisseaux de guerre chargés de les défendre. En la seule année 1676, il présenta au conseil des prises dix-sept navires, dont cinq frégates armées qui portaient ensemble soixante-dix-sept canons. Il est certain que le tort immense que Jean Bart fit à cette époque au commerce des Hollandais contribua puissamment à la paix de Nimègue.

Voici du reste comment il obtint le grade dont nous venons de parler.

Il était sorti de Dunkerque sur une petite frégate de vingt-quatre canons, en même temps que le chevalier de Forbin, dont la corvette ne portait que seize pièces. Tous deux s'étaient chargés de convoyer vingt bâtiments marchands, et ils étaient près de sortir de la Manche, quand, en travers de l'île de Wight, deux vaisseaux anglais de chacun cinquante canons leur donnèrent la chasse. S'ils eussent voulu abandonner le convoi, il leur eût été facile de s'échapper; mais ils ne purent s'y résoudre, et aimèrent mieux combattre avec la certitude d'être coulés ou pris.

Pour égaliser les chances le plus qu'il était possible, ils grossirent leurs équipages des matelots les plus déterminés qui se trouvaient sur les bâtiments convoyés, et armèrent en guerre les deux plus gros navires de la flottille.

Voici quel était leur projet : pendant qu'avec leurs frégates ils attaqueraient un des vaisseaux ennemis, leurs auxiliaires improvisés devaient occuper l'autre vaisseau et se laisser prendre au besoin. Jean Bart et Forbin espéraient enlever pendant ce temps-là le vaisseau qu'ils auraient choisi, et s'en servir pour combattre l'autre. Déjà ils étaient attachés aux flancs de leur ennemi, déjà la victoire semblait sourire à leurs efforts, quand les bâtiments qui devaient opérer la diversion s'enfuirent lâchement, après avoir essuyé quelques bordées. Quoique nos deux marins se vissent perdus sans ressources (que pouvaient deux petites frégates contre deux vaisseaux ?), ils voulurent prolonger la lutte pour vendre chèrement leur vie ou leur liberté, et laisser au convoi le temps de se disperser. Pendant une heure entière on les vit tous deux défendre pied à pied le pont de leurs frégates, envahies par des centaines d'Anglais. En vain les officiers ennemis, émerveillés de leur courage, les conjurèrent-ils de se rendre et de leur épargner la douleur de les tuer ; ils continuèrent à combattre jusqu'à ce que, épuisés par la fatigue et le sang qui ruisselait de vingt blessures, ils tombassent sans connaissance.

Les commandants anglais, ravis d'une si belle prise, ne songèrent même pas à poursuivre le convoi. Ils firent immédiatement voile pour Plymouth, traînant à leur suite les frégates tellement délabrées que la seule valeur qu'elles conservassent était d'avoir appartenu à Jean Bart et à Forbin. Les nombreuses blessures des deux officiers français ne présentaient aucune gravité ; au bout d'un mois elles étaient fermées, et, une fois capables d'agir, ils ne songèrent plus qu'à s'évader.

Un mousse leur procura une lime, avec laquelle

ils commencèrent par scier les barreaux qui garnissaient les fenêtres de la prison ; un mauvais canot norwégien, qu'ils avaient acheté au poids de l'or, les attendait à deux cents pas. Au milieu de la nuit ils ôtèrent la grille qu'ils avaient laissée en place, descendirent dans la rue au moyen de leurs draps noués ensemble, s'embarquèrent sans fâcheuses rencontres dans leur frêle esquif, et poussèrent au large. C'est alors seulement qu'ils s'aperçurent que les deux mousses qui les servaient les y avaient précédés, pour éviter le châtiment auquel les exposait l'évasion des deux officiers.

La rade de Plymouth était, selon l'usage des ports militaires, l'objet d'une active surveillance. Vingt bâtiments les hélèrent ; les mousses répondirent effrontément : « Pêcheurs ! » A la pointe du jour ils étaient au milieu de la Manche, et, après quarante-six heures d'une navigation des plus difficiles et des plus périlleuses, ils abordèrent à Hanqui, petit village à vingt-quatre kilomètres de Saint-Malo.

Le grade de capitaine de vaisseau fut la récompense qu'ils reçurent tous deux pour s'être sacrifiés au salut du convoi qu'ils avaient mission de défendre.

Dès ce moment et jusqu'à la fin de sa carrière, Jean Bart ne cessa plus d'appartenir à la marine de l'État. Il ne tarda pas à prendre sa revanche contre les Anglais : il avait reçu l'ordre d'aller protéger l'arrivée d'une centaine de navires chargés de blés du Nord, dont la France avait le plus grand besoin. Il les rencontre près de l'embouchure de la Meuse, mais ils portaient déjà le pavillon britannique; huit navires de guerre les accompagnaient, et ne semblaient nullement disposés à lâcher leur proie. Ni leur nombre ni leurs formidables rangées de canons n'intimidèrent le brave Dunkerquois : il met en panne, appelle à son bord les capitaines des sept frégates qui l'accompagnaient. « Ce que nous avons à faire, leur dit-il, est très simple; l'ennemi a huit vaisseaux, nous sommes huit aussi, la moitié plus faibles en artillerie; mais c'est égal : à chacun le nôtre, et vive le roi! »

Ses instructions furent suivies : après une courte canonnade, tous coururent à l'abordage. Jean Bart s'était réservé le contre-amiral; au bout de deux heures, le vaisseau du commandant ennemi était pris avec deux autres vaisseaux, le reste était en fuite, et le convoi cinglait rapidement vers les côtes de France.

Cette victoire valut à Jean Bart des lettres de noblesse. Louis XIV y écrivit de sa main : « De tous les officiers que j'ai anoblis, il n'en est point qui s'en soient rendus aussi dignes que mon cher et bien-aimé sieur Jean Bart. »

En 1696, les Anglais et les Hollandais bloquaient de concert le port de Dunkerque. Jean Bart, par une nuit obscure, passe bravement au milieu d'eux, répondant en anglais au qui-vive des sentinelles, s'élève dans la mer du Nord, et rencontre dans les eaux du Texel une flotte de quatre-vingt-dix navires marchands, convoyés par six vaisseaux de guerre hollandais. Jean Bart en avait sept; aussi la victoire ne lui fut-elle pas même disputée. Mais à peine avait-il commencé à amarrer les navires marchands, et, pour les ramener en France, à distribuer sur chacun d'eux une certaine quantité de ses matelots et de ses officiers, qu'il aperçoit courant sur lui, vent arrière, une division de treize gros vaisseaux de guerre.

Il n'avait pas de temps à perdre. Forcé d'abandonner ses prises qui l'embarrassent, il en retire les équipages français auxquels il venait de les confier; puis, réunissant tous leurs matelots sur le même navire, il leur permet de fuir et fait mettre le feu à la flottille.

Tout cela se passait à deux portées de canon de la nouvelle escadre ennemie, qui s'arrêta quelques moments pour se disposer au combat.

Jean Bart, qui semblait présider à l'incendie, continua à rester fièrement en panne jusqu'à ce que le dernier bâtiment eût disparu. Alors seulement il donne le signal du départ, et s'éloigne lentement à petites voiles, se plaisant à manœuvrer avec toute la coquetterie d'une évolution de parade.

Les treize vaisseaux de guerre hollandais firent cependant mine de le poursuivre et forcèrent de voiles; mais, voyant que Jean Bart ne s'en pressait pas davantage, ils mirent une seconde fois en travers, serrèrent une partie de leurs voiles, et réglant leur vitesse sur celle des Français, les suivirent jusqu'à la nuit, sans diminuer la distance qui les séparait d'eux.

Quoiqu'il n'eût avec lui, comme nous l'avons dit, que sept petites frégates, excellentes voilières à la vérité, Jean Bart résolut, pour mater les Hollandais, de les priver cette année-là de la pêche du hareng, à laquelle plus de cinq cents navires étaient employés. Les alliés, pour protéger leurs pêcheurs, durent entretenir pendant toute la saison cinquante-deux vaisseaux de guerre, partagés en trois escadres, qui, malgré tous leurs efforts, tentèrent vainement de placer l'humble division française sous le feu de leurs canons. Chaque jour les pêcheurs voyaient Jean Bart, qui les traquait sans relâche; mais pour l'escadre il était invisible, ou, si elle l'apercevait parfois, c'était à l'entrée de la nuit, lorsque les introuvables frégates françaises se perdaient dans les brumes de l'horizon. Cette campagne, qui eut pour résultat de paralyser pendant cinq mois presque toute la marine hollandaise tenue en échec par sept petits navires, est, aux yeux des connaisseurs, une des plus remarquables et des plus curieuses expéditions qui aient jamais été exécutées.

Jean Bart ne songea à la retraite que lorsqu'il eut épuisé ses vivres. Trente-trois vaisseaux hollandais et anglais l'avaient précédé devant Dunkerque, où l'on tremblait pour lui, car on l'attendait d'un moment à l'autre. Il ne tarda pas, en effet, à paraître. Aussitôt tous les vaisseaux qui le guettaient s'ébranlent et courent sur lui; mais Jean Bart, avec ce bonheur et cette habileté qui n'appartenaient qu'à lui, glisse au milieu d'eux et rentre sain et sauf avec ses sept frégates.

Cet exploit fut le dernier : nommé chef d'escadre quelques mois avant la paix de Ryswick, il vécut modestement à Dunkerque, et y mourut d'une pleurésie, au moment où la guerre de la succession d'Espagne ouvrait une large carrière à son courage et à son expérience.

Il n'était âgé que de cinquante ans, et avait encore toute la vigueur de sa jeunesse.

Jean Bart, si terrible dans les combats, était au sein de sa famille d'une douceur et d'une bonhomie charmantes. Sans orgueil, sans prétentions, d'un désintéressement si grand qu'il était moins riche à la fin de sa carrière qu'en se mariant, il semblait que le Ciel voulût prouver que le même homme pouvait posséder toutes les qualités supérieures, qui ne s'excluent que trop souvent, et que tant de personnes regardent à tort comme incompatibles, quand elles sont poussées à leurs extrêmes limites.

RENÉ DUGUAY-TROUIN

1673

Le brillant marin dont nous allons esquisser la vie naquit à Saint-Malo, en 1673, dans une famille dont tous lés membres naviguaient, soit pour la guerre, soit pour le commerce.

Son père, on ne sait trop pour quel motif, le destinait à la robe, et fit tout ce qui dépendait de lui pour le détourner de la marine; mais l'ardeur et les dispositions belliqueuses de son fils ne pouvaient se plier aux exigences d'une profession si paisible. Le jeune René devint bientôt d'une turbulence extrême, et son père, s'apercevant un peu tard que ses brillantes qualités allaient, faute d'aliment, le jeter dans toutes sortes d'excès, céda enfin à ses pressantes sollicitations, et lui permit de s'embarquer comme volontaire sur une frégate que ses oncles avaient armée en course.

Une affreuse tempête, un naufrage imminent, un abordage meurtrier, un incendie à bord, tels furent les événements qui marquèrent le début de sa carrière. Bien loin de le dégoûter et de refroidir sa vocation, il s'aperçut tout de suite, dit-il dans les Mémoires qu'il nous a laissés, que les fortes émotions étaient un besoin pour lui, et que jamais il ne se sentait plus à l'aise qu'au milieu des plus grands périls.

Avec de telles dispositions, il était évident qu'il devait se faire tuer ou fournir de magnifiques pages aux fastes maritimes de la France. Du reste, si jamais homme ne s'exposa avec une plus insouciante témérité, jamais les boulets et les balles ne respectèrent davantage un héros.

Il n'avait pas encore vingt et un ans, que déjà il s'était signalé en maintes occasions par des traits d'une audace inouïe. Sa famille, malgré sa jeunesse, ne tarda pas à lui confier une frégate de quarante-huit canons. Jeté sur les côtes d'Irlande par une affreuse tempête (nous étions alors en guerre avec l'Angleterre), il se réfugie dans la rivière de Limerick, et, non content d'y brûler deux navires, il s'empare d'un château, après avoir vaincu et chassé les troupes qui le défendaient. Au retour de cette expédition, il tombe au milieu d'une division anglaise forte de six vaisseaux; il veut se défendre malgré son infériorité, et soutient pendant quatre heures le plus inégal des combats. Enfin un vaisseau de soixante-dix canons l'attaque à portée de pistolet; son équipage, effrayé, se cache à fond de cale. « Attendez, canaille! s'écrie Duguay-Trouin, je vous ferai bien combattre malgré vous; » et, s'armant aussitôt d'un panier de grenades, il y met le feu, le jette dans la cale, et force ainsi ses hommes à monter sur le pont et à recommencer le combat. Bientôt ses mâts, hachés par les boulets, tombent le long de son vaisseau; Duguay-Trouin, sans songer qu'il ne lui reste plus d'espoir de salut, s'en débarrasse en les faisant pousser à la mer. Un instant après, le feu prend à son navire et menace de gagner la sainte-barbe; il y descend et le fait éteindre; quand il remonte sur le pont, il voit son pavillon amené. « Qu'on le remette, qu'on le remette à l'instant ! » s'écrie-t-il. Mais un boulet l'atteint et le renverse sans connaissance, et il échappe ainsi à la douleur d'être témoin de la prise de son vaisseau.

Le capitaine anglais n'eut pas plus tôt mis le pied sur le pont, où gisait encore Duguay-Trouin, qu'il s'approcha de lui et reconnut, en lui plaçant la main sur le cœur, qu'il respirait encore. Aussitôt il donna ordre de le transporter, avec les plus grandes précautions, dans son propre lit, où il l'entoura des soins les plus empressés et les plus délicats.

Lorsqu'il arriva à Plymouth, en Angleterre, Duguay-Trouin était presque guéri. Grâce aux recommandations de son vainqueur, la ville lui fut donnée pour prison; mais bientôt l'amirauté ne se contenta plus de sa parole et le fit enfermer. Duguay-Trouin, outré d'une défiance si injurieuse pour la noblesse de son caractère, ne songea dès ce moment qu'à s'évader; il y réussit, et parvint à repasser heureusement en France.

Trois jours après il sortait du port de Rochefort sur un vaisseau de guerre dont il avait obtenu le commandement, et cinq jours ne s'étaient pas écoulés depuis son retour, qu'il s'était déjà emparé de six bâtiments marchands. Il les ramenait en France, lorsqu'on lui annonça qu'on venait de découvrir à l'horizon une escadre considérable. Confiant sur-le-champ ses prises à l'un de ses officiers, il s'avance résolument sur les Anglais, et reconnaît une flottille de soixante bâtiments marchands escortés par deux gros vaisseaux de guerre. Les attaquer, les aborder, les forcer à se rendre n'eût été pour Duguay-Trouin que l'affaire d'une demi-heure, si, au moment où sa victoire semblait assurée, le feu ne se fût déclaré à bord du navire anglais *le Sans-Pareil,* qu'il avait accroché. L'incendie l'obligea de s'éloigner; mais les Anglais ne l'eurent pas plus tôt éteint, qu'il revint à la charge et tenta un second abordage. Cette fois-ci ce fut son propre navire qui prit feu; Duguay-Trouin, frémissant de rage, se vit dans la nécessité de lâcher de nouveau sa proie. La nuit vint sur ces entrefaites.

Le capitaine français profita de l'obscurité et de l'inaction forcée qui en était la suite, pour réparer à la hâte les avaries nombreuses qu'avaient éprouvées ses mâts et ses voiles. Avant le jour, tout était prêt à son bord pour un nouveau combat;

aussi ne craignait-il qu'une seule chose : c'était que les Anglais ne se fussent éloignés à la faveur des ténèbres.

Mais, si le convoi s'était dispersé, les deux vaisseaux de guerre n'avaient pas désespéré de la victoire. Duguay-Trouin court pour la troisième fois sur le *Sans-Pareil;* mais, au moment de l'aborder, il voit les mâts de ce bâtiment se balancer lourdement, comme un arbre séparé par la cognée, et s'abattre avec fracas sur la tête de l'équipage anglais, qu'ils écrasent en partie. Certain que désormais ce vaisseau, rasé comme un ponton, ne peut plus lui échapper, Duguay-Trouin arrête ses hommes prêts à s'y élancer, vire de bord, et laisse arriver l'autre vaisseau, qui déjà se couvrait de voiles pour se sauver. De telles dispositions n'annonçaient pas une grande énergie; aussi sa résistance fut-elle à peine assez sérieuse pour sauver l'honneur de son pavillon, qui fut promptement amené. Duguay-Trouin revint alors à son aise sur le *Sans-Pareil,* qui, ne pouvant plus avancer ni reculer, était à la merci du vainqueur. Celui-ci ne voulut pas le canonner inutilement et lui faire payer chèrement sa résistance désespérée.

Ce navire se trouvait être justement celui qui, avec le même commandant, avait, en 1689, fait prisonniers Jean Bart et Forbin. Ils venaient d'être noblement vengés par un héros de vingt-deux ans, qui, pour comble de bonheur, trouva dans la chambre du commandant les deux brevets de ses compatriotes. Duguay-Trouin, en se voyant possesseur d'un si glorieux trophée, éprouva plus de joie que s'il eût amariné des galions chargés d'or et d'argent. Du reste, pour consoler le capitaine anglais de la perte d'un talisman avec lequel il se croyait invincible, il le traita avec tous les égards dus au courage malheureux.

Duguay-Trouin eut toutes les peines du monde à conduire ses deux prises en France. Ses embarcations avaient été hachées, et les trois navires se soutenaient à peine au-dessus de l'eau, tant ils étaient percés de toutes parts.

Louis XIV n'eut pas plus tôt connaissance de ce nouvel exploit du jeune capitaine, qu'il lui envoya une épée d'honneur; de son côté, le ministre de la marine lui écrivit, au nom du roi, une de ces lettres qui sont la plus belle récompense de la valeur.

Vers la fin de 1695, Duguay-Trouin prit sur les côtes d'Irlande trois gros vaisseaux de la compagnie des Indes, richement chargés et portant cent cinquante canons.

L'année suivante, après avoir réparé et mis à neuf le *Sans-Pareil,* dont il avait pu apprécier les qualités dans le combat qui l'en avait rendu maître, il sortit de Port-Louis avec ce beau navire, et s'en alla croiser sur les côtes d'Espagne, où un hardi stratagème lui livra deux vaisseaux hollandais. Mais les prendre était peu de chose, le difficile était de les conduire en France; car pour cela il fallait traverser toute une escadre anglaise. Duguay-Trouin avait compté, pour y réussir, sur la forme et l'aspect du *Sans-Pareil,* qui, sorti des chantiers de l'Angleterre, avait conservé son cachet originaire. Dès qu'il aperçoit la flotte ennemie, il arbore le pavillon anglais, et, serrant une partie de ses voiles, passe au milieu d'elle, saluant à droite et à gauche les pavillons des officiers supérieurs. Il était déjà hors de portée, lorsque le commandant d'une frégate conçoit quelques soupçons et veut le reconnaître. Duguay-Trouin fuit pendant quelques heures pour le séparer de l'escadre, puis, virant tout à coup de bord, il ouvre contre elle un feu si soutenu, si meurtrier, que la malheureuse frégate se hâta de regagner sa position, que son capitaine eût beaucoup mieux fait de ne pas quitter.

Notre héros avait un frère qu'il aimait tendrement; ce frère, un peu plus jeune que lui, le conjurait depuis quelques années d'équiper un petit navire et de lui en confier le commandement. Duguay-Trouin y avait mis quelques conditions qui furent plus promptement remplies qu'il ne l'avait espéré. Pour tenir sa promesse, il fit armer une frégate de seize canons, lui donna un équipage choisi, et la mit sous la direction de son frère, auquel il enjoignit de ne jamais se séparer du *Sans-Pareil.*

Dans une croisière sur les côtes d'Espagne, ce frère impétueux, ardent, fut mortellement blessé à l'attaque d'un bourg retranché, dans une descente tentée auprès de Vigo. A cette triste nouvelle, Duguay-Trouin reste quelques moments immobile, éperdu; mais bientôt son désespoir se change en une fureur inexprimable : il se jette au milieu des ennemis et se baigne dans leur sang; il rassemble ensuite ses soldats et vole auprès de son frère expirant, se jette sur lui, l'embrasse, sans pouvoir proférer une seule parole, et l'emporte lui-même sur son vaisseau.

C'est dans une ville portugaise, à Viana, qu'il lui fit rendre les derniers honneurs. Toute la noblesse assista aux funérailles. L'image de son frère mourant le poursuivit pendant plus de six mois, et bientôt il tomba dans une mélancolie si profonde, qu'il était sur le point de renoncer au service et à la gloire.

Il fallut les offres les plus séduisantes pour le tirer de l'espèce d'accablement où il était plongé. On armait en ce moment à Brest trois vaisseaux de haut bord destinés à enlever une flottille partie de Bilbao; on savait que cette flottille devait être puissamment convoyée. Le commandement de cette périlleuse expédition fut proposé à Duguay-Trouin, qui sentit son ancienne ardeur se réveiller tout à coup.

Il met immédiatement à la voile, et rencontre au bout de huit jours la flotte qui s'avançait en bon ordre, escortée par trois vaisseaux de guerre hollandais, sous les ordres du baron de Wassenaer, habile marin, qui depuis devint vice-amiral. Le combat s'engagea sur-le-champ, et jamais Duguay-Trouin n'en soutint un plus terrible. Il prit à l'abordage le vaisseau commandant. Tous les officiers de Wassenaer furent tués ou blessés, et Wassenaer lui-même reçut quatre blessures graves. Une partie du convoi tomba entre les mains de Duguay-Trouin; mais ces prises lui coûtèrent cher. Trois de ses parents furent trouvés parmi les morts, et il perdit plus de la moitié de son équipage. Ce combat fut suivi d'une tempête affreuse, dont une nuit obscure vint encore redoubler l'horreur. Il fallut jeter les canons à la mer, et malgré cela les flots pénétraient jusque dans les entreponts. Les blessés, pour fuir l'eau qui gagnait le navire, se traînaient sur les mains en poussant des gémissements qui fendaient le cœur, et auxquels il fallait fermer l'oreille, parce que l'imminence du danger ne laissait à personne le temps de s'occuper d'eux. Enfin le vaisseau arriva à Port-Louis. Duguay-Trouin traita le baron de Wassenaer comme il avait été traité lui-même en pareille circonstance; et quand cet officier fut guéri de ses blessures, il voulut le présenter lui-même à Louis XIV. Ce monarque reçut Duguay-Trouin comme un homme destiné à être l'honneur de sa nation; il aimait à entendre de sa bouche le récit de ses actions. Un jour qu'il avait commencé celui d'un combat où se trouvait un vaisseau nommé *la Gloire* : « J'ordonnai, dit-il, à la *Gloire* de me suivre. — Et elle vous fut fidèle, » reprit le roi.

C'est à la suite de son combat contre Wassenaer que Duguay-Trouin passa sans retour dans la marine royale. Il eut d'abord le titre de capitaine de frégate ; mais celui de capitaine de vaisseau ne se fit pas attendre.

Pendant la guerre de la Succession, qui venait de s'allumer, Duguay-Trouin alla de nouveau croiser sur les côtes d'Espagne. A peine arrivé, il rencontre un vaisseau hollandais, ordonne l'abordage, et en moins d'une demi-heure le capitaine hollandais est tué avec tous ses officiers, l'équipage taillé en pièces, et le navire enlevé.

En 1703, à la tête de deux vaisseaux et de trois frégates, il tombe, par une brume épaisse, au milieu de six vaisseaux de guerre ennemis. Sans se laisser déconcerter, il ordonne à ses capitaines de forcer de voiles, et, pour leur faciliter les moyens de s'éloigner, attaque hardiment un des vaisseaux hollandais, résiste aux autres, et ne prend lui-même ouvertement la fuite que lorsqu'il voit toute sa division hors de portée.

De tous ses combats, ce dernier était celui que Duguay-Trouin affectionnait le plus, dont il racontait sans cesse les détails avec un nouveau plaisir. Il finissait toujours son récit par ces mots : « J'étais seul contre six vaisseaux, et je ne perdis que trente hommes. »

Nous serions entraînés trop loin si nous voulions seulement mentionner tous les brillants faits d'armes de Duguay-Trouin et les prises nombreuses qui en furent la suite. Il ne se passait pas de mois qu'on ne le vît rentrer dans un de nos ports de l'Océan précédé ou suivi de flottilles entières qu'il enlevait parfois au milieu des bâtiments convoyeurs.

En 1706 il reçut une lettre de Louis XIV, qui lui ordonnait d'aller avec trois vaisseaux se jeter dans Cadix, menacé d'un siège. Il mit immédiatement à la voile, et rencontra à la hauteur de Lisbonne la flotte du Brésil escortée de six vaisseaux de guerre. Dans ce combat inégal qui dura deux jours entiers, des circonstances réellement extraordinaires semblèrent vouloir donner une apparence de raison à la croyance superstitieuse de ses matelots, qui le regardaient comme invulnérable : trois boulets lui enlevèrent successivement sans le blesser des lambeaux de ses vêtements ; il y en eut même un qui, passant entre ses jambes, tua deux hommes placés immédiatement derrière lui. Ses habits, son chapeau, étaient criblés de balles, et malgré tout cela, il s'en tira comme à son ordinaire, avec quelques égratignures.

Arrivé devant Cadix, il voulut s'occuper avec zèle de la défense de la place ; mais, soit jalousie, soit inertie, le gouverneur de la place rendit son dévouement inutile ; ses embarcations ayant même été insultées par la populace, il ne put en obtenir satisfaction, et se vit lui-même outragé de la manière la plus indigne.

Il ne lui restait plus qu'à s'embarquer, ce qu'il

fit sans délai. Arrivé en France, il adressa à Louis XIV un rapport de ce qui s'était passé. Ce monarque, qui considérait les affronts faits à ses officiers comme lui étant personnels, demanda et obtint du gouverneur espagnol une réparation éclatante, et, pour la rendre plus complète encore, nomma Duguay-Trouin chevalier de Saint-Louis.

En 1707, de concert avec Forbin, il attaqua dans les eaux de Dunkerque un convoi composé d'environ cent trente voiles, qu'escortaient cinq vaisseaux de cinquante-six à quatre-vingt-douze canons. Ce convoi portait une immense quantité de marchandises, d'armes, de munitions et de provisions de toute espèce, destinées au roi de Portugal. Les forces des divisions de Duguay-Trouin et de Forbin réunies ne s'élevaient qu'à quatorze bâtiments.

Duguay-Trouin, qui se trouvait un peu en avant de son collègue, ne l'attendit point, et courut, comme toujours, sur le plus gros des vaisseaux anglais, celui où flottait le pavillon du vice-amiral.

Mais, au lieu de s'avancer en le canonnant, il défendit à son équipage de brûler une seule amorce. C'était un spectacle à la fois étrange et terrible que ce vaisseau qui s'avançait, froid et silencieux, comme s'il eût été insensible aux boulets qui sillonnaient ses flancs et déchiraient ses voiles. L'anglais, qui craignait l'abordage, redoubla son feu, et crut un moment avoir rejeté loin de lui son antagoniste. Duguay-Trouin pliait, en effet ; il laissa même légèrement arriver. Mais cette manœuvre était un piège : le vice-amiral n'eut pas plus tôt manœuvré afin de tenir toujours le vaisseau français sous son feu, que Duguay-Trouin revint brusquement au vent, et engagea son beaupré entre les haubans du navire anglais. En un instant le vaisseau abordeur, dont toutes les pièces étaient chargées jusqu'à la gueule, dont tous les mousquets étaient en joue, s'alluma comme un volcan, et vomit une effroyable grêle de fer et de plomb. Tirés presque à bout portant, les boulets enlevèrent des files entières ; aucune balle ne se perdit. Aussi, en s'élançant sur le vaisseau ennemi, les Français trouvèrent-ils plus de morts et de mourants que d'hommes en état de se défendre.

A peine le vice-amiral s'était-il rendu, que Duguay-Trouin aperçoit deux de ses vaisseaux abordés à leur tour, et leurs équipages écrasés par une nuée d'assaillants parmi lesquels il reconnaît bon nombre d'uniformes portugais : c'était un des bâtiments du convoi qui avait jeté des troupes qu'il transportait sur un des navires de l'escorte, dont l'équipage se trouvait ainsi presque triplé.

Il était temps que Duguay-Trouin arrivât et vînt en aide aux siens ; mais, s'il les dégagea, ce ne fut qu'après des efforts inouïs et une perte de plus de trois cents hommes. La prise de trois vaisseaux de guerre et de soixante bâtiments marchands couronna cette expédition. A leur retour à Brest, les vainqueurs, se raillant des prétentions d'omnipotence que les Anglais manifestaient sur l'empire de la mer, crièrent, en débarquant leurs nombreux prisonniers : « Place aux maîtres de la mer! »

Ce fut vers cette époque que Duguay-Trouin conçut le projet d'aller venger, à Rio-Janeiro, l'infortuné Duclerc, qui non seulement avait échoué devant cette colonie, mais qui avait été fait prisonnier et s'était vu, contre tous les droits de la guerre, jeté dans des cachots infects avec tous ceux qui avaient survécu à sa défaite. On savait en France que ces malheureux y périssaient misérablement, au milieu des plus cruelles privations, et restaient souvent des jours entiers sans aliments.

La cour accueillit favorablement le plan de Duguay-Trouin et applaudit; mais quand il fut question de lui fournir les moyens de le mettre à exécution, il se trouva que dix années de guerre et l'épouvantable famine de 1709 avaient totalement épuisé les finances de l'État.

Duguay-Trouin s'adressa alors à une compagnie de marchands, et leur promit avec une si imperturbable assurance qu'il ramènerait les vaisseaux qui lui seraient confiés chargés d'autant d'or et d'argent qu'ils en pourraient porter, que l'affaire fut bientôt conclue.

Cinq millions lui avaient paru suffisants; mais la confiance que son désintéressement et ses talents inspirèrent à la compagnie était si absolue, qu'on lui laissa la faculté de dépasser au besoin la somme qu'il avait fixée : en un mot, on lui ouvrit un crédit illimité.

Il s'occupa immédiatement de l'armement d'une escadre de quatorze vaisseaux, et sut avec tant d'adresse semer des bruits mensongers et contradictoires sur le but de ses préparatifs, que, excepté les bailleurs de fonds, personne ne devina ou ne connut avant son départ la route qu'il allait suivre.

Le 11 septembre 1711, Duguay-Trouin se présentait devant la baie de Rio-Janeiro ; sans donner à l'ennemi le temps de se reconnaître, il ordonna à l'un de ses capitaines, qui connaissait parfaitement les passes de la baie, de prendre la tête de l'escadre et de la guider, sans s'occuper des forts et des vaisseaux qui défendaient son entrée.

Ce capitaine, qui s'appelait Courserac, était un de ces hommes froids, déterminés et parfaitement à la hauteur d'une si belle mission. Pour se conformer aux ordres qu'il a reçus, il dépasse un peu l'escadre et s'engage résolument dans le goulet : tous les vaisseaux le suivent à la file, imitant scrupuleusement ses moindres manœuvres et naviguant dans ses eaux. En vain les batteries et les forts, sous les canons desquels il fallait nécessairement passer, ouvrent un feu épouvantable; rien n'arrête, ne ralentit, ne trouble la marche des vaisseaux de Duguay-Trouin, qui viennent fièrement s'embosser sous les murs de Rio-Janeiro.

C'est alors seulement que Duguay-Trouin put apprécier toutes les difficultés de son entreprise. Aussi loin que sa vue pouvait s'étendre, de tous côtés il n'apercevait que forts, retranchements, murailles hérissées de canons. Au bord de la mer c'était Rio-Janeiro, dont les hauts et solides remparts s'avançaient jusque dans les flots; derrière la ville c'étaient trois montagnes dont les cimes élevées se perdaient dans les nues, et dont les flancs recélaient de nombreuses batteries; enfin, dans la rade même, deux îles, Villegagnon et la Chèvre, lui parurent dans un excellent état de défense.

Il venait, il est vrai, de remporter un premier avantage; mais, en forçant l'entrée de la rade, avait-il réellement fait autre chose que rendre sa retraite impossible, que se mettre dans la nécessité d'enlever les uns après les autres tous ces remparts, tous ces bastions qui se dressaient là, menaçants, autour de lui?

Duguay-Trouin commença par chasser les Brésiliens de l'île aux Chèvres, qui devint son arsenal et le centre de ses opérations; c'est là qu'il prépara son débarquement et prit toutes les mesures imaginables pour la réussite d'une opération toujours scabreuse et pénible.

On croirait difficilement que onze jours suffirent à notre héros pour débarquer ses troupes et son artillerie, et se rendre maître de tous les ouvrages qui défendaient les abords de la ville, et de la ville elle-même, réputée imprenable.

Soixante bâtiments marchands, trois vaisseaux de haut bord, deux frégates, une quantité prodigieuse de marchandises, dont les moins précieuses devinrent la proie des flammes, furent les fruits de la victoire. Duguay-Trouin balança quelques instants, indécis de savoir s'il garderait Rio, ou s'il se contenterait de frapper la ville d'une contribution de guerre. L'état peu florissant de notre marine lui fit préférer ce dernier parti, et il convint avec les Portugais d'une rançon d'environ deux millions deux cent mille livres.

Le premier soin de Duguay-Trouin en occupant Rio avait été de se faire ouvrir les cachots, d'où il eut le bonheur d'arracher encore vivants, mais dans un état déplorable, quelques-uns des malheureux débris de l'expédition précédente.

C'est ainsi que notre héros sut à la fois abaisser la fierté portugaise, venger Duclerc, punir la mauvaise foi et la cruauté et indemniser largement les négociants français qui avaient bravement, à leurs risques et périls, pris fait et cause pour l'État.

La flotte revint en Europe, après avoir essuyé une affreuse tempête à la hauteur des Açores. Deux de ses vaisseaux s'engloutirent aux yeux de Duguay-Trouin, sans qu'il pût même songer à leur porter le moindre secours. Son propre bâtiment se trouva pendant quelques instants à deux doigts de sa perte : une espèce de trombe l'avait subitement couvert d'une si énorme masse d'eau que son avant disparut tout entier sous les flots.

Après bien des traverses, il parvint néanmoins à regagner le port de Brest avec son escadre, plus mutilée par la tempête que par les Portugais.

Cette brillante expédition couvrit Duguay-Trouin d'une gloire immortelle. Le peuple s'empressait sur son passage et le saluait de ses acclamations. Une dame de haut rang ayant percé la foule pour le voir passer, Duguay-Trouin parut étonné. « Monsieur, lui dit-elle, ne soyez pas surpris, je voulais voir un héros en vie. »

Le roi lui accorda des lettres de noblesse conçues dans les termes les plus honorables. Il y était dit qu'il avait pris plus de trois cents navires marchands et vingt vaisseaux de guerre. Ses armoiries avaient pour devise : *Dedit hæc insignia virtus.*

Il devint chef d'escadre en 1715, et commandeur de l'ordre de Saint-Louis en 1728.

Avant de terminer sa glorieuse carrière, Duguay-Trouin soutint encore l'honneur du pavillon français devant Tunis, Tripoli, Smyrne, Alger, où nos bâtiments marchands n'implorèrent jamais inutilement sa protection.

Mais avec Louis XIV le génie maritime de la France semblait s'être endormi, et Louis XV laissa se rouiller les épées de nombre de vieux marins, qui, déplacés à la cour, s'en retirèrent, et furent bientôt oubliés.

Mais tout à coup, en 1733, le bruit se répand que Louis XV, sortant de son apathie, veut armer une flotte respectable et opposer enfin une barrière aux prétentions de l'Angleterre, qui augmentaient de jour en jour. A cette nouvelle, Forbin et cinq ou six autres vieux loups de mer sortent de leur retraite, et offrent de nouveau leur expérience et leurs bras. Parmi eux se trouvait Cassard, qui, endossant un vieux pourpoint qu'avait troué plus d'une balle anglaise, se présenta à Versailles. Déjà les marins du jour, j'allais dire de cour, qui, frisés, pommadés, pimpants, circulaient alors dans les antichambres du roi, toisaient avec mépris le modeste et simple vieillard, quand Duguay-Trouin, qui se trouvait là, entendit leurs sarcasmes. « Comment! leur cria-t-il brusquement, vous portez les insignes de la marine, et vous ne connaissez pas Cassard! Cassard, le plus grand homme de guerre qui nous reste! Je donnerais toutes les actions de ma vie pour une des siennes. Avec un seul vaisseau il faisait plus que nous avec une escadre entière. »

Nous avons cité ce trait, parce qu'il peint une époque et fait le plus grand honneur à notre héros.

Duguay-Trouin mourut le 27 septembre 1736. Sa santé était depuis longtemps chancelante.

Jamais homme parvenu à une haute réputation ne montra si peu de morgue et d'ostentation. Il vécut toujours avec ses anciens amis comme s'ils fussent restés ses égaux. Généreux, désintéressé, après avoir enlevé les richesses du Brésil, il ne laissa qu'une fortune médiocre.

Comme marin, son audace et son intrépidité étaient poussées aussi loin que possible. Quand il s'élançait à l'abordage à la tête de ses hommes, rien ne lui résistait; avec lui les plus poltrons devenaient braves; ce qui lui fit répondre un jour à un de ses officiers qui se plaignait d'avoir été mal secondé dans une attaque par les hommes qui l'accompagnaient : « Mon cher, c'est que vous n'aviez pas de courage pour eux tous ! »

SUFFREN

1726

Suffren de Saint-Tropez, plus connu sous le nom de bailli de Suffren, naquit au château de Saint-Cannat en Provence, le 13 juillet 1726.

Il fit ses premières campagnes comme garde-marine sur le vaisseau *le Solide,* puis sur la *Pauline,* et montra de bonne heure ce qu'il serait un jour. A l'âge de vingt ans nous le voyons enseigne de vaisseau sur le *Monarque,* et peu après prisonnier en Angleterre. La paix de 1748 le ramena en France. Il profita de l'inaction forcée où il se trouvait pour se rendre à Malte, et prendre ses degrés dans l'ordre militaire de Saint-Jean de Jérusalem, dont il devint successivement chevalier, commandeur et bailli.

A la reprise des hostilités, en 1755, il fut des premiers à solliciter un emploi, et obtint le grade de lieutenant sur le *Dauphin-Royal,* qu'il quitta pour l'*Océan.* Ce vaisseau étant tombé entre les mains des Anglais, Suffren se trouva une seconde fois leur prisonnier.

Nous traversons très rapidement les premières années de la vie de Suffren pour arriver plus vite à l'époque où, sorti des grades inférieurs, il occupa les premiers rôles sur la scène maritime. Si, plus tard, il ne se fût pas élevé à la hauteur où nous le verrons bientôt, le récit de ses premières campagnes nous eût offert de nombreuses occasions de signaler une bravoure et un sang-froid bien dignes de toute notre admiration; mais en comparaison des exploits que nous aurons bientôt à raconter, que seraient les débuts du lieutenant préludant par une étude sérieuse de son art à ses glorieuses destinées?

La paix de 1763 termina promptement sa captivité; mais au lieu de venir à Paris oublier son métier au sein des plaisirs que cette capitale lui offrait, il demanda le commandement d'un chebec chargé de protéger notre commerce dans la Méditerranée.

Nommé capitaine de vaisseau en 1772, il vint prendre à Toulon le commandement de la *Mignonne*, et établit sa croisière dans les mers du Levant. Il fit ensuite deux campagnes d'évolutions sous les ordres du comte Duchaffaut et du comte de Barras.

Dans l'escadre avec laquelle le comte d'Estaing entreprit son expédition dite de l'Amérique et des colonies, le vaisseau *le Fantasque* lui fut confié.

Nous touchons à l'époque où le bailli de Suffren, après avoir navigué pendant plus de quarante ans, allait enfin sortir de la position inférieure où il avait langui jusque-là. Ce n'est pas qu'il ne fût apprécié comme il méritait de l'être; mais sa modestie, son éloignement pour toutes les intrigues l'avaient fait oublier chaque fois qu'il était question de pourvoir à un commandement important. Plus d'un amiral, dans maintes occasions, avait dû ses succès aux conseils de Suffren; souvent ses heureuses inspirations lui avaient dicté de ces manœuvres décisives dont d'autres avaient recueilli les fruits; il ne savait pas faire valoir ses services.

On le citait depuis longtemps comme un des premiers capitaines de l'époque, on vantait sa valeur froide, son intégrité; mais ces vaines louanges eussent été probablement sa seule récompense, si le gouvernement n'eût résolu une expédition hasardeuse, ingrate, perdue au bout de l'univers, qui fit songer à Suffren, parce que personne n'en avait brigué le commandement.

Depuis plusieurs années, les Anglais avaient dirigé diverses entreprises sur les possessions françaises et hollandaises dans l'Inde. Déjà ils s'étaient emparés de Negapatnam et d'une partie des comptoirs de Sumatra, quand les Hollandais, se voyant sur le point de perdre leurs colonies, proposèrent au gouvernement français un traité d'alliance offensive et défensive. A peine ce traité fut-il ratifié, que l'on apprit en Hollande que l'Angleterre préparait une escadre qui, sous le commandement du commodore Johnston, devait attaquer le cap de Bonne-Espérance.

Les Hollandais, pour sauver cet établissement, dont la perte eût entraîné celle de tout ce qui leur restait dans les Indes, offrirent à la France de subvenir en grande partie aux frais de l'armement d'une flotte pour transporter au Cap un corps de troupes françaises, et agir ensuite dans la mer des Indes.

L'entreprise était aussi périlleuse que difficile; aucun officier supérieur ne la brigua, et elle revint de droit à Suffren.

Il sortit de Brest le 22 mars 1781, ayant cinq vaisseaux et deux frégates sous ses ordres. Jusqu'à la hauteur de Madère, il accompagna l'escadre du comte de Grasse; mais, arrivé à cette hauteur, il s'en sépara, et, laissant porter au sud, prit la route du Cap.

Ses instructions lui recommandaient de relâcher à Praya, une des îles du Cap-Vert. Sur l'avis qu'il reçut que le commodore Johnston l'y avait devancé avec sa division, il regarda cet ordre comme une bonne fortune, et résolut de montrer aussitôt aux Anglais comment il comptait les mener dans l'Inde. Johnston s'était embossé au fond de la baie de Praya, dont l'entrée, difficile en tout temps, l'était encore davantage ce jour-là, parce qu'il régnait une brise légère et variable. Suffren, bien aise de savoir jusqu'à quel point il pouvait compter sur la capacité de quelques-uns de ses capitaines, leur ordonna de franchir le goulet de la baie en profitant des brises comme ils l'entendraient, et de jeter l'ancre en travers des vaisseaux de Johnston, à demi-portée de canon.

Soit maladresse, soit timidité, de toute sa division, deux vaisseaux seulement purent exécuter la manœuvre prescrite, et les autres tombèrent successivement dans des courants rapides que la faiblesse du vent ne leur permit plus de refouler, et devinrent les spectateurs forcés et inutiles du combat que soutenait leur chef.

Les deux vaisseaux qui vinrent fièrement mouiller sur les bouées des Anglais, étaient, comme on s'en doute bien, d'abord le *Héros,* que commandait Suffren en personne, ensuite l'*Annibal.* Quels que fussent les désavantages d'une telle position, le chef d'escadre français ouvrit et maintint son feu pendant une heure et demie. Il ne songea à la retraite que lorsqu'il eut acquis la certitude d'avoir mis l'escadre de Jonhston dans l'impossibilité de reprendre la mer avant huit jours. C'est alors seulement qu'il coupa son câble et laissa porter au large, manœuvre qu'imita l'*Annibal,* qui venait de perdre son capitaine.

Mais à peine ce vaisseau était-il hors de portée des Anglais, que toute sa mâture, minée par les boulets, s'affaissa subitement. Le commodore ayant voulu profiter du désordre pour s'emparer de l'*Annibal,* Suffren n'eut pas plus tôt aperçu son mouvement, qu'il reforma sa ligne de bataille et attendit les Anglais. Johnston, qui avait le vent, s'avança jusqu'à deux portées de canon; mais à la vue de la fière contenance de la flotte française, il ne jugea pas à propos d'aller plus loin. Suffren l'attendit toute la nuit suivante, laissant ses feux allumés pour le provoquer; au jour il ne le revit plus. Johnston avait regagné la baie de Praya, où il perdit tant de temps à réparer ses navires, que Suffren put à son aise ravitailler le Cap et y déposer la garnison dont il était chargé.

Du Cap il se rendit à l'île de France, pour mettre ses vaisseaux en état de supporter la longue et laborieuse campagne qu'il méditait. Le temps était précieux; aussi déploya-t-il une incroyable activité. Animés par sa voix et son exemple, administrateurs, ouvriers, matelots et soldats rivalisèrent de zèle et d'ardeur, et s'employèrent si bien qu'un mois suffit pour regréer, radouber, ravitailler son escadre, et équiper huit transports qui, outre une énorme quantité de vivres, d'armes et de munitions, emmenaient trois mille hommes de troupes de débarquement destinés pour l'Inde.

Suffren avait trouvé à l'île de France la division de l'amiral d'Orves. Ce brave officier, quoique dangereusement malade, ne voulut pas résigner tout de suite ses pouvoirs, et prit la direction de l'escadre; mais, au bout de quelques jours d'une navigation dans laquelle Suffren se signala par la prise d'un vaisseau anglais, il mourut, et notre héros se vit ainsi revêtu du commandement en chef.

Il se trouvait à la tête de onze vaisseaux, trois frégates et trois corvettes, plus les transports dont nous avons parlé. L'amiral Hughes, qu'il ne tarda pas à rencontrer sous les forts de Madras, disposait à peu près des mêmes forces; en sorte que la victoire, dans ces mers éloignées, semblait devoir être la récompense du plus brave et du plus habile.

Suffren avait projeté de surpendre Madras, mais des calmes et la mauvaise allure de quelques-uns des bâtiments de son convoi avaient donné aux Anglais le temps d'organiser la défense de ce point important. Il rencontra donc pour la première fois l'amiral Hughes embossé sous les canons des forts de Madras. L'attaquer dans cette position ne convenait nullement à Suffren, qui poursuivit sa route vers Pondichéry. Ce qui l'engagea surtout à prendre ce parti, c'est qu'il avait hâte de se débarrasser de son convoi, qui, dans un combat, eût singulièrement gêné ses dispositions, puisque avant tout il devait songer à sa sûreté.

A peine son escadre avait-elle dépassé Madras que l'amiral anglais appareilla et fit mine de vouloir donner la chasse à notre flotte. Suffren ordonna aussitôt de carguer une partie de ses voiles pour donner à l'ennemi le temps de l'approcher; mais son ardeur belliqueuse sembla subitement se refroidir, tandis que le bailli ne put maîtriser son envie de faire enfin connaissance avec son rival. Des vents contraires et variables, des brumes épaisses fournirent pendant quelque temps aux deux commandants en chef l'occasion de faire assaut de manœuvres savantes et de s'apprécier comme tacticiens. Hughes, n'ayant rien qui gênât ses mouvements, cherchait surtout à profiter de la lenteur des évolutions de Suffren, qui ne pouvait changer son ordre de bataille sans avoir préalablement couvert ses transports. Cependant le commandant français sut non seulement déjouer tous les plans de son rival, mais le forcer à accepter le combat dans une position très défavorable.

L'action s'engagea avec la plus grande vigueur, et les deux amiraux, qui se cherchaient, ne tardèrent pas à se rencontrer. Déjà le vaisseau de sir Hughes avait perdu deux de ses mâts et semblait sur le point de plier sous le feu du *Héros*, que montait Suffren, lorsqu'un de ces ouragans subits si communs dans la mer des Indes vint mêler sa grande voix aux détonations de l'artillerie. Aussitôt Anglais et Français durent oublier leurs vieilles haines pour résister aux vents et aux flots.

Suffren, à peine arrivé à Pondichéry, chercha un point favorable pour effectuer le débarquement des troupes dont il était chargé. On lui indiqua Porto-Novo, où il déposa les trois mille Français qui devaient aider le nabab Hyder-Ali à résister aux Anglais.

C'est alors que, délivré du convoi qu'il traînait depuis si longtemps à sa suite, et à la conservation duquel il avait sacrifié les débuts de sa campagne, il se mit à la recherche des Anglais.

A la hauteur de Provedien, côte de Ceylan, un aviso signala quatorze voiles ennemies. Trois jours se passèrent en manœuvres et en évolutions, tant l'amiral Hughes, qui passait pour le premier tacticien de son temps, s'ingéniait à mettre Suffren dans une mauvaise position. Il n'est point de piège qu'il ne lui tendît pendant ces trois journées; fausses attaques, fuites simulées, tout fut inutile : le commandant français conserva un ordre irréprochable, et, saisissant enfin le moment où sir Hughes passait entre la terre et lui, il renversa avec tant de rapidité et de précision son ordre de bataille, que l'amiral anglais resta comme pris entre Provedien et la flotte du bailli. Le combat dura cinq heures, mais sans résultats définitifs. Toutefois, deux jours après, les deux escadres se trouvant de nouveau en présence, Hughes força de voiles et ne voulut pas recommencer la partie; ce qui prouvait, quoi qu'en disent les relations anglaises, que sir Hughes avait été beaucoup plus maltraité que son rival.

Suffren voulut se réparer de son côté, puisque sir Hughes ne paraissait pas pour le moment songer à autre chose. Il vint jeter l'ancre à Batacolo. Le scorbut s'étant déclaré à bord de plusieurs vaisseaux, le commandant fit débarquer tous ses malades, qui campèrent sous des tentes; des viandes fraîches, du gibier et du poisson arrêtèrent promptement les ravages de cette cruelle maladie.

En quittant Batacolo avec sa flotte remise dans le meilleur état, Suffren se dirigea vers Tranquebar et Gondolour. Il y prenait ses dispositions pour aller chasser les Anglais du comptoir de Negapatnam, dont ils s'étaient emparés avant son arrivée, quand une de ses frégates envoyée à la découverte vint l'avertir que sir Hughes, devinant probablement ses desseins sur Negapatnam, couvrait ce point avec toutes ses forces.

A cette nouvelle, Suffren rappela sur-le-champ tous ses officiers, dont la plupart étaient à terre, et l'escadre, se couvrant de voiles, mit le cap sur Negapatnam.

Le 5 juillet 1782 il était en vue de la flotte anglaise; une bourrasque retarda le combat jusqu'au lendemain. A la pointe du jour, le feu s'ouvrit successivement entre les vaisseaux, qui arrivaient à portée l'un de l'autre et qui se canonnaient en évoluant.

Sir Hughes, dans l'espérance que les Français se laisseraient emporter par cette ardeur qui leur avait si souvent fait perdre des batailles en les entraînant hors de leurs lignes, faute que le sang-froid britannique ne commettait jamais, avait ordonné à son avant-garde de ne point prendre part à l'action et d'attendre ses ordres pour s'engager quand il le jugerait convenable; mais l'habileté de Suffren et la discipline qu'il avait établie dans sa flotte rendirent cette disposition inutile. Comme de coutume, il s'attacha au *Superbe,* qui portait le pavillon amiral, et fit d'épouvantables ravages à son bord. Pour la seconde fois dans cette campagne, sir Hughes perdit son capitaine de pavillon.

Un grain vint, au milieu de l'action, jeter le désordre parmi les vaisseaux des deux escadres, qui se trouvèrent un instant mêlés ensemble. Dans cette position Suffren venait d'ordonner à tous ses capitaines de virer vent arrière pour se reformer un peu plus loin, quand il vit tout à coup un de ses vaisseaux, *le Sévère,* sans pavillon. La honte, le désespoir le jetèrent dans une inexprimable fureur; il paraissait décidé à laisser porter sur cet infâme navire, à l'écraser et à le couler lui-même, quand son pavillon reparut de nouveau dans les airs.

Cet épisode, qui vint si malencontreusement paralyser ses manœuvres, sauva peut-être sir Hughes d'une défaite complète; car la ligne française eût été reformée avant que les Anglais fussent revenus de leur confusion, qui était si grande que sir Hughes ne songea plus qu'à rallier sa flotte et à la ramener à son mouillage. Suffren, témoin de la fuite de ses adversaires, resta sur le champ de bataille, et fut assez maître de lui pour se contenter d'envoyer de rudes volées aux vaisseaux ennemis qui, en obéissant au signal de retraite, passaient à la portée de ses canons.

L'amiral anglais et ses officiers ne revenaient pas de leur stupéfaction : ils trouvaient réunis en Suffren la valeur bouillante des Français, le calme et la prudence britanniques. Ils se demandaient avec étonnement quel était cet homme qui, perdu jusque-là dans la foule de nos capitaines, s'élevait tout à coup, comme tacticien, au niveau de leur meilleur amiral.

Nous avons vu que, pendant le dernier combat, le vaisseau *le Sévère* s'était momentanément trouvé sans couleurs. Voici l'explication de ce fait étrange : son capitaine, par suite de la rafale qui avait jeté la confusion dans les deux escadres, demeura tout à coup exposé au feu de trois vaisseaux anglais. Dans cet instant critique il perd complètement la tête, amène son pavillon et donne l'ordre de cesser le feu. Un des officiers qui dirigeaient les batteries se précipite aussitôt sur le pont, et oubliant en ce moment le respect dû au grade supérieur, que déshonorait celui qui en était revêtu, accable son commandant des plus sanglants reproches, et finit par lui dire qu'il peut amener son pavillon tant qu'il voudra, mais que lui et ses camarades brûleront leur dernière gargousse avant de se rendre.

Cette désobéissance sublime sauva le *Sévère*.

Les batteries continuèrent à vomir une grêle si serrée de boulets et de biscaïens, qu'au bout de dix minutes les assaillants étaient refoulés à distance. Alors le capitaine avait rehissé son pavillon et cherché à laver sa honte [1].

1 L'officier qui résista à son capitaine s'appelait *Dieu;* en sorte que le mot suivant courut longtemps dans notre marine :

Mais son indigne manœuvre n'avait point échappé à l'œil de sir Hughes. A quelque temps de là il envoya un bâtiment parlementaire réclamer le vaisseau *le Sévère,* qui, selon les lois de la guerre, lui appartenait, disait-il. Suffren lui répondit que c'était par suite d'une erreur que les couleurs nationales avaient cessé de flotter pendant quelques instants sur *le Sévère;* que, de plus, ce vaisseau n'ayant pas cessé son feu, ne pouvait être considéré comme s'étant rendu; qu'enfin si ces raisons ne semblaient pas suffisantes à M. l'amiral, il était libre de venir le prendre lui-même. Il paraît que sir Hughes ne s'en souciait guère; car cet incident en resta là. Nous n'avons pas besoin d'ajouter que le commandant du *Sévère* fut cassé, comme il le méritait.

La retraite de la flotte anglaise mettait Suffren dans une excellente position pour recevoir les secours qu'il attendait de l'île de France. Il rallia bientôt, en effet, sans être inquiété, une division de deux vaisseaux de ligne, une frégate, une corvette et huit gros transports chargés de troupes et de provisions que lui amenait le capitaine d'Aimar. Ce secours lui permit d'attaquer les forts de Trinquemalé, qui protégeaient un des meilleurs mouillages de l'Inde.

Un succès complet couronna cette entreprise. Le 30 août 1782, les forts capitulèrent, et une gar-

« Le capitaine du *Sévère* voulait se rendre; mais *Dieu* ne le permit pas. »

nison française en prit possession le lendemain matin. Vers le soir, sir Hughes reparut. Il ignorait complètement la nouvelle conquête de Suffren, et dut être douloureusement surpris lorsque, au lieu de son pavillon, il vit le drapeau français flotter sur tous les forts. Sans lui laisser le temps de revenir de sa stupeur, le bailli donna le signal du combat, malgré les avis de plusieurs de ses officiers, qui, contents du dernier succès, voulaient laisser aux équipages quelques moments de repos, et ne pas les faire passer sans interruption d'un siège à une bataille. Suffren ne l'entendait pas ainsi; il multiplia ses signaux pour hâter leur appareillage; mais la plupart des capitaines manœuvrèrent si mollement que l'amiral crut devoir appuyer ses ordres d'un coup de canon. Les vaisseaux déjà en position crurent que c'était le signal d'ouvrir le feu, et engagèrent la bataille avant que Suffren eût définitivement formé sa ligne. Il n'y avait plus à reculer, et trois vaisseaux, celui de Suffren en tête, se virent dans l'affreuse nécessité de soutenir le choc de toute l'escadre anglaise. Sir Hughes, qui n'avait jamais eu la partie si belle, dirigea tous ses efforts sur le *Héros*, que montait Suffren, et parvint à l'isoler et à l'entourer de toutes parts.

Suffren, depuis son arrivée dans l'Inde, avait eu si souvent à se plaindre de ses capitaines qu'il se crut abandonné. En vain, pour sortir de sa terrible anxiété, cherche-t-il à reconnaître, au milieu des décharges de l'artillerie, les roulements d'une canonnade lointaine, il n'entend que les détonations qui ébranlent l'air à quelques pas de lui; en vain il monte sur le point le plus élevé de sa dunette pour étendre ses regards, ils ne peuvent percer à travers les hautes mâtures qui se dressent autour de lui. Le désespoir dans le cœur, mais résolu de mourir plutôt que de se rendre, il fait partager à ses officiers, à ses matelots, les sentiments qui l'animent. Tous ses canons tonnent à la fois. Quand ses mâts s'écroulent, entraînant avec eux son pavillon, il ne s'en aperçoit qu'aux *hurra* poussés par les Anglais. *Des pavillons!* s'écrie-t-il aussitôt, *des pavillons! qu'on en mette partout, qu'on en couvre mon vaisseau!* Puis, se plaçant aux postes les plus périlleux, offrant son corps aux boulets qui pleuvent de tous côtés, il prolonge cette lutte héroïque d'un contre dix, jusqu'à ce que ses vaisseaux, qu'un calme plat clouait à leur place, viennent, avec la brise du soir, dégager leur amiral. La nuit mit fin au combat, et, chose incroyable, le *Héros* avait fait de si terribles ravages autour de lui, que les quatre vaisseaux anglais qui l'avaient serré de plus près, celui de Hughes surtout, se trouvant dans l'impossibilité de boucher en pleine mer les trous dont leur coque était criblée, furent obligés d'aller se radouber à Madras.

Suffren, de son côté, revint à Trinquemalé, où, grâce à son activité, il resta quinze jours à peine, qui lui suffirent pour faire disparaître de ses vaisseaux toutes les traces de leur dernier combat.

C'est alors que l'on vit Suffren, avec son escadre si faible pour une telle entreprise, bloquer toutes les côtes de l'Inde, depuis l'embouchure du Gange jusqu'à Madras, sans que sir Hughes tentât même de s'y opposer sérieusement. Ce ne fut que lorsqu'il eut reçu un renfort de six vaisseaux de ligne qu'il sortit de son inaction et se porta sur Gondolour, pour attaquer par mer les Français renfermés dans cette place, tandis qu'une armée anglaise les assiégeait par terre. Suffren n'en fut pas plus tôt instruit qu'il résolut de sauver Gondolour, incapable de résister à tant de forces réunies.

Mais en arrivant il trouva quatorze vaisseaux de ligne déjà embossés le long de la côte et prêts à la foudroyer. A la vue de l'escadre française qui s'avançait en bon ordre et menaçait de le renfermer une seconde fois entre la terre et elle, sir Hughes appareilla brusquement et laissa courir au large.

Suffren prit aussitôt la place qu'il venait de quitter, et se mit, aux yeux de l'ennemi, en communication avec la garnison de Gondolour; puis il alla fièrement offrir la bataille à sir Hughes qui avait quatre vaisseaux de plus que lui.

Après une vive canonnade, qui dura plus de sept heures, sir Hughes fut contraint de se retirer et de lever le blocus qu'il avait entrepris. Lorsqu'au point du jour les assiégés virent les vaisseaux français seuls maîtres de la rade, et l'escadre anglaise disparaissant lentement sous l'horizon, ce furent des transports et des cris de joie qui, répétés par les échos du rivage, vinrent jusque sur ses vaisseaux saluer Suffren du doux nom de père et de libérateur. Quand il descendit à terre, Bussi, qui commandait la place, vint au-devant de lui, entouré de son état-major, que suivait une population innombrable; et le bailli, presque honteux et déconcerté des éloges qui lui sont adressés de toutes parts, se voit enlevé dans un palanquin royal que les défenseurs de la ville chargent eux-mêmes sur leurs épaules.

Huit jours après cette entrée triomphale dans Gondolour, une frégate anglaise vint annoncer que, tandis que dans cette partie reculée du globe le sang coulait encore, la paix, signée depuis trois mois à Versailles, régnait dans toute l'Europe; bientôt la frégate *la Surveillante* apporta les mêmes nouvelles et le rappel de Suffren [1].

Suffren était parti capitaine en 1781; une cinquième charge de vice-amiral fut créée exprès pour lui en 1784. Jamais avancement rapide n'avait été mieux mérité. Son arrivée et son séjour en France ne furent qu'une série d'ovations, auxquelles sa modestie voulait en vain se dérober. Jusqu'à sa mort il ne cessa pas d'occuper l'atten-

1 En repassant au cap de Bonne-Espérance, Suffren fit présent aux colons hollandais qui se trouvaient dans la misère de sa part de prises dans l'Inde, qui s'élevait à cent trente mille livres.

tion publique, et les grandes émotions qui précédèrent la tourmente révolutionnaire ne refroidirent même pas l'enthousiasme qu'inspirait le seul nom de Suffren.

Il mourut à Paris le 8 octobre 1788, âgé de soixante-deux ans.

Bon comme le bailli de Suffren, disaient ses équipages, quand ils voulaient qualifier une chose excellente. Qu'ajouter à ce naïf éloge? On ne sait, en effet, ce qu'on doit le plus admirer dans Suffren, de l'homme ou du marin; car si sa droiture, sa candeur, l'élévation de ses sentiments, sa bonté surtout, font de lui le plus estimable des hommes, son courage et son génie le placent parmi l'élite de nos gloires maritimes. Comme tacticien, il est sans rival, et, considérée sous le point de vue des évolutions d'escadre, sa campagne de l'Inde est un chef-d'œuvre de stratégie navale.

BOUGAINVILLE

1729

Peu d'hommes parcoururent avec plus de bonheur, avec plus d'éclat, une longue et glorieuse carrière, qu'il ne fut donné à Antoine-Louis de Bougainville de le faire. Né à Paris le 11 novembre 1729, on le vit successivement avocat au parlement de Paris, mousquetaire noir, mathématicien, secrétaire d'ambassade, se distinguant partout autant par la profondeur et la variété de ses connaissances que par son humeur enjouée. A vingt-deux ans il publia un traité de calcul intégral, et cet ouvrage le classa parmi les savants les plus recommandables de son temps.

Bientôt il embrassa décidément la carrière des armes, et entra, en 1753, comme aide-major dans le bataillon provincial de Picardie. Il devint l'année suivante aide de camp de Chevert, qui commandait le camp de Sarrelouis. Trois années plus tard, il fut attaché avec le même grade au marquis de Montcalm, chargé de la défense du Canada, et s'embarqua à Brest pour cette destination. Arrivé en Amérique, il ne tarda pas à attirer sur lui tous les regards; et une occasion s'offrit bientôt pour mettre en relief son sang-froid, son courage et les ressources fécondes de son esprit dans les circonstances les plus critiques.

Une flottille anglaise chargée d'armes et de munitions s'était réfugiée pendant l'hiver au fond du lac du Saint-Sacrement, où un fort important la protégeait.

Bougainville, sans se laisser effrayer ni par l'énorme distance qui séparait cette flottille anglaise du corps d'armée, ni par les forêts presque impénétrables qu'il fallait traverser, ni par les rigueurs de l'hiver, offre à son général d'aller l'attaquer, la prendre ou la brûler. Montcalm, quelle que fût l'audace du projet, se laissa persuader, et Bougainville, avec un détachement de troupes d'élite, s'avança à marches forcées à travers les vastes solitudes du nouveau monde. La chute d'une grande quantité de neige fut le premier obstacle qu'il rencontra; un second obstacle, qui aurait peut-être arrêté tout autre que lui, ne tarda pas à se présenter : la rivière de Richelieu, qu'il fallait nécessairement traverser, au lieu d'être prise, comme il s'y attendait, charriait d'énormes glaçons.

Bougainville propose à ses compagnons de s'en servir comme de radeaux, et toute sa petite troupe, encouragée et soutenue par son exemple, descendit ainsi une partie du fleuve, et *débarqua,* si l'on peut employer ici ce mot, à peu de distance du lieu où se trouvaient les Anglais. Leur flottille fut brûlée sous le canon des forts, et Bougainville ramena heureusement son détachement, qui, grâce à de sages dispositions, n'avait éprouvé qu'une perte insignifiante.

A quelque temps de là un corps de cinq mille hommes se trouva coupé du gros de l'armée, et sur le point d'être enveloppé par vingt-quatre mille Anglais. On ne savait quel parti prendre, lorsque Bougainville ouvrit l'avis courageux de se détacher à la hâte et de tenir ferme. Son conseil prévalut : quelques fossés creusés précipitamment et une enceinte palissadée suffirent aux Français pour arrêter les ennemis, qui, après douze heures de combat, se retirèrent, laissant six mille hommes sur le terrain.

Bougainville, qui s'était cru dans l'obligation de payer plus que tout autre de sa personne, reçut une blessure à la tête en se portant successivement aux postes les plus périlleux; mais il avait sauvé l'armée! le grade de colonel et la croix de Saint-Louis furent sa récompense.

Quand la mort de Montcalm décida du sort de la colonie, notre héros revint en France, et fit une courte campagne en Allemagne, où néanmoins il se distingua tellement que le roi, voulant le récompenser d'une manière toute particulière, lui fit présent de deux petits canons, qu'il plaça dans sa terre de Normandie, où ils sont devenus un témoignage de gloire héréditaire.

En 1763, toutes les nations étaient en paix : Bougainville, dont l'activité, l'ardeur et la soif insatiable de périls et d'émotions ne pouvaient s'accommoder d'une vie de garnison, se décida à entrer dans la marine.

Ses voyages en Amérique, qui l'avaient familiarisé avec les choses de la mer; ses études mathématiques, et plus encore cette facilité avec laquelle son esprit s'appropriait les connaissances de tous ceux avec qui il était en relation, lui en facilitèrent les moyens.

Il sollicita et obtint le grade de capitaine de vaisseau. Confier un pareil emploi à un homme qui faisait son apprentissage maritime eût été de la part du gouvernement une bien coupable imprudence, si cet homme n'eût pas été Bougainville. Mais le nouveau capitaine, trop réellement supérieur pour se laisser éblouir par un fol amour-propre, et ne pas s'avouer que, quel que fût son mérite, il avait beaucoup à voir et à apprendre avant d'être à la hauteur de son titre, eut le bon esprit de s'entourer d'officiers expérimentés qu'il interrogeait sans cesse, et dont il suivait les conseils, s'appliquant, en outre sans relâche, à étudier tout ce qui se rattachait à sa nouvelle profession.

Son premier voyage fut aux îles Malouines, dont il avait, de concert avec quelques armateurs de Saint-Malo, entrepris la colonisation. Il y arriva sans accident, y déposa les nouveaux colons avec un matériel considérable, et revint en France.

Sur ces entrefaites, l'Espagne, jalouse de voir un établissement français se former si près du continent américain, revendiqua les îles Malouines. Quoique les droits sur lesquels elle s'appuyait fussent très problématiques, on crut devoir, par des considérations de haute politique, souscrire à sa demande, à la condition toutefois que l'Espagne dédommagerait les nouveaux colons des dépenses que l'expédition avait exigées.

Le roi chargea Bougainville d'aller exécuter lui-même la remise de la colonie; c'est alors que, pour utiliser cet armement dispendieux, il proposa de le consacrer à un voyage d'explorations, et de se rendre aux Indes orientales en traversant la mer du Sud entre les deux tropiques.

Il partit de Brest, le 15 novembre 1766, sur la frégate *la Boudeuse,* de vingt-six canons; une flûte, *l'Étoile,* l'accompagnait. Après avoir remis les Malouines aux Espagnols, il vint dans le Rio de la Plata, et relâcha à Montevideo, où des circonstances impérieuses le forcèrent de séjourner quelque temps. Toujours avide de voir et de s'instruire, il visita les établissements remarquables que les jésuites avaient formés dans le Paraguay. Ces pères furent forcés de les abandonner quelques mois après, et les peuplades sauvages qu'ils avaient converties au christianisme, et qu'ils initiaient peu à peu à la civilisation, dont elles ne connaissaient encore que le bon côté, allèrent les unes dans les bois reprendre leur vie nomade, les autres se démoraliser dans les grands centres de population.

Après un séjour de plusieurs mois, Bougainville appareilla pour le détroit de Magellan; des périls sans nombre l'assaillirent dans ce passage dangereux; il eut à lutter tantôt contre une mer furieuse, tantôt contre des courants perfides qui l'entraînaient vers des écueils à peine encore indiqués de son temps; il donna son nom à l'un des ports de la Terre de Feu et à la baie auprès de laquelle il était placé. En quittant ce détroit, il s'avança dans l'océan Pacifique, et découvrit, à 500 myriamètres environ des côtes occidentales de l'Amérique, un amas d'îles, de terres noyées et inabordables, qu'il nomma l'archipel Dangereux. Enfin, après avoir reconnu et indiqué un grand nombre d'autres points, vérifié leurs positions et redressé les cartes fautives que la marine possédait alors, il arriva aux îles de la Société, et s'arrêta quelque temps dans la plus riante des îles de ce groupe, à Taïti. Bougainville, ravi de son aspect enchanteur, de l'hospitalité de ses habitants, de la beauté de leur climat, la nomma la Nouvelle-Cythère. Ensuite il s'enfonça de nouveau dans l'ouest, et reconnut l'île des Navigateurs et les Nouvelles-Hébrides. Les côtes de la Nouvelle-Hollande étaient en grande partie inconnues, et il espérait quitter l'océan Pacifique en suivant le parallèle de 15 ou 16 degrés de latitude sud; mais un récif à fleur d'eau, qu'il rencontra loin de toutes terres, et contre lequel il se serait infailliblement perdu s'il l'eût rencontré la nuit, l'engagea à remonter dans le nord. Cette détermination fut une véritable inspiration; car il est très probable que s'il eût continué sa route vers l'ouest, il se serait engagé dans une mer tellement semée d'écueils que sa perte eût été presque certaine. Il contourna donc la côte septentrionale de la Nouvelle-Guinée; des terres inconnues lui barrèrent bientôt cette nouvelle route; il les nomma les Louisiades. Tirant toujours au nord, Bougainville les dépassa enfin, et découvrit une grande île boisée, à laquelle il donna son nom, ainsi qu'au détroit qui sépare cette île des îles Salomon. La Nouvelle-Irlande lui offrit un point de relâche qu'il appela port Praslin. De là il se dirigea parallèlement à la côte nord de la Nouvelle-Guinée, et découvrit un grand nombre d'îles. Après s'être une seconde fois arrêté au port de Cajeli de l'île Bourou, il vint mouiller à Batavia, d'où il fit voile pour Saint-Malo et y arriva le 16 mars 1769, après avoir fait le tour du monde en deux ans et quatre mois.

Cette campagne, qui place Bougainville au rang des premiers navigateurs, prouva combien il lui avait fallu peu de temps pour devenir un excellent marin; elle fit ressortir sa force d'âme et son humanité. Jamais capitaine avant lui ne songea plus au bien-être de son équipage, ne sut lui faire supporter plus gaiement les fatigues et les privations sans nombre inséparables d'un si long voyage. Toujours calme, souriant au milieu des plus affreux périls, il faisait passer dans l'âme de ses officiers et de ses matelots la confiance dont il semblait animé. Du reste les soins de toutes sortes qu'il prodiguait à ceux qui étaient sous ses ordres reçurent une bien douce récompense : il ne perdit que sept hommes dans sa traversée. Des voyages plus récents ont prouvé que les cartes dressées par Bougainville contenaient des erreurs; mais pour quelques erreurs, combien de découvertes nouvelles! combien d'écueils signalés pour la première fois! Ces résultats sont même d'autant plus surprenants, que l'usage des *observations de distances* et des montres marines n'avait pas encore été introduit dans la navigation lorsqu'il partit de Brest, et qu'il n'avait aucun des moyens nouveaux d'observer la longitude en mer.

Il est encore à remarquer que chaque fois que Bougainville fut en relation avec les peuples sauvages, il vécut presque partout en bonne intelligence avec eux. Son aménité, sa bienveillance gagnaient tellement les cœurs que les Français de l'expédition du vice-amiral d'Entrecasteaux virent dans l'île Bourou, trente ans après son départ, deux vieux insulaires qui versèrent des larmes d'attendrissement en entendant prononcer son nom.

Quand éclata la guerre maritime d'Amérique, Bougainville, devenu chef d'escadre, prit une large part aux malheureux combats du comte de Grasse. Le vaisseau de soixante-quatorze canons *le Northumberland* avait perdu son commandant, son capitaine en second et tous ses officiers, à l'exception d'un enseigne; il allait être forcé de se rendre, lorsque Bougainville, qui montait l'*Auguste*, vint le couvrir de son feu et le dégager.

Bougainville, qui s'était retiré du service pendant la tourmente révolutionnaire, dut aux nombreux amis qu'il s'était faits de n'être pas sérieusement inquiété.

Depuis ce moment jusqu'à la fin de sa vie (il mourut le 31 août 1811), il ne s'occupa que de science. Élu à l'Institut, dans la section de géographie, ensuite membre du Bureau des longitudes, il ne cessa pas de participer aux travaux de ces deux sociétés jusque dans un âge très avancé, et conserva les facultés brillantes de son esprit, une gaieté inaltérable, ainsi que sa robuste santé, qu'aucune fatigue n'avait pu altérer un seul instant.

D'ESTAING

1719

Le vice-amiral d'Estaing servit jusqu'à trente ans comme officier dans les armées de terre. Tombé entre les mains des Anglais au siège de Madras, et devenu prisonnier sur parole, il fit la faute d'oublier l'engagement d'honneur qu'il avait pris et d'armer trois corsaires, sur lesquels, marin improvisé, il ne tarda pas à faire une rude guerre au commerce britannique. Seul il soutint longtemps dans les mers des Indes le glorieux pavillon de Suffren, et le bruit de ses exploits parvint jusqu'à la cour de Louis XVI ; mais, pris une seconde fois, il fut reconnu malgré son déguisement, et envoyé en Angleterre, où l'attendait la plus dure captivité dans les cachots de Portsmouth.

Ce traitement rigoureux, qu'il avait cependant mérité, l'exaspéra, et, lorsqu'il revint en France en 1763, il ne respirait que haine et vengeance. Protégé par la faveur de Louis XVI et de la reine, il obtint immédiatement le grade de lieutenant général dans la marine royale, où il était à peine connu. Cet avancement subit, qui froissait tant de droits acquis, tant de légitimes prétentions, lui devint funeste. Vu de mauvais œil par ses collègues, qui s'ingénièrent à le contrecarrer, en butte à la malveillance de ses subordonnés, il ne fut jamais secondé comme il méritait de l'être, et l'ennemi qui lui arracha plus d'une victoire était souvent sur sa propre flotte.

Cependant ses courses dans les mers des Indes avaient révélé en lui une bravoure chevaleresque, et montré qu'il possédait au plus haut degré cette énergie et cette soudaineté de décision qui quelquefois changent tout à coup un revers en succès.

Si, dans les dernières années de sa vie, il n'eût payé par la plus noire ingratitude les bienfaits dont la famille royale l'avait comblé, si la reine ne l'eût trouvé parmi ses plus ardents calomniateurs, d'Estaing eût laissé un nom glorieux dans les fastes de la marine, et l'on verrait en lui le brillant héritier des Jean Bart et des Duguay-Trouin, qu'il semblait prendre pour modèles.

Lorsque éclata la guerre d'Amérique, d'Estaing partit du port de Toulon, le 19 avril 1778, avec douze vaisseaux et le titre de vice-amiral. Son but était de surprendre la flotte anglaise et de l'enfermer dans la Delaware, où se trouvait l'amiral Howe, chargé de protéger la garnison anglaise de Philadelphie.

Mais, au bruit de l'arrivée des Français, la place s'était rendue, toute la province avait été évacuée, et Howe, dont la présence était devenue sans objet, s'était lui-même retiré à Sandy-Hook.

Le vice-amiral trouva donc la Delaware complètement libre, et y mouilla sans obstacle. Quelques jours après il appareilla pour Sandy-Hook, dans l'intention de livrer bataille à l'amiral Howe; mais celui-ci, franchissant avec des vaisseaux plus légers que ceux des Français les bancs qui barraient le fond de la rade, mit d'Estaing dans l'impossibilité de rien entreprendre contre lui.

La conquête de Rhode-Island occupait à cette époque une grande partie des forces américaines. Sullivan et le marquis de la Fayette demandèrent à d'Estaing de les seconder par mer. Le vice-amiral y consentit, et fit ses dispositions en conséquence.

Ses vaisseaux, s'avançant deux par deux, se présentèrent résolument devant le passage qui conduisait à l'île, et le forcèrent, malgré les feux croisés de plusieurs batteries établies sur la côte. D'Estaing se préparait déjà à opérer sa descente, quand il aperçut, au milieu d'un brouillard épais qui venait de s'élever subitement, l'escadre de l'amiral Howe, renforcée de celle de Byron, qui manœuvrait pour le prendre entre deux feux. Forcé de renoncer à son premier projet, d'Estaing voulut au moins montrer aux Américains qu'ils pouvaient compter sur lui. Il força de nouveau le passage qu'il avait franchi la veille et laissa arriver en plein sur l'escadre anglaise. En ce moment une forte rafale s'abattit sur les deux flottes et se changea bientôt en un épouvantable ouragan. Dès lors chaque capitaine ne songea plus qu'au salut de son bâtiment.

La tourmente dura quarante heures. Jamais les mers n'avaient été plus profondément soulevées, jamais les vents n'avaient soufflé avec plus de furie. Au bout de quelques heures, tous les vaisseaux étaient dispersés; la plupart avaient fui devant la tempête; quelques-uns, plus hardis, tenaient encore le cap; mais tous, quelles que fussent leur solidité et l'habileté de leurs manœuvres, voyaient leurs coques défoncées, leurs chaloupes enlevées, et leur mâture voler en éclats.

Le *Languedoc,* que montait d'Estaing, fut un des plus maltraités, parce que le vice-amiral voulut jusqu'au dernier moment tenir tête à l'ouragan et ne pas se laisser emporter au loin.

Son beaupré se rompit le premier. A peine ses autres mâts avaient-ils cédé à leur tour, qu'une vague monstrueuse, s'abattant comme une trombe sur son arrière, en arrache le gouvernail et rase le pont dans toute sa longueur.

Dès ce moment le *Languedoc,* semblable à un ponton, ne fut plus qu'une masse inerte qui roulait lourdement au gré des flots. Ils la secouèrent si rudement, que plusieurs canons brisèrent les câbles qui les retenaient en place, et ne s'arrêtèrent qu'après avoir défoncé des cloisons et s'être engagés au milieu de leurs débris. Bientôt les boulets sautèrent hors des parcs et se répandirent dans les batteries, où, obéissant à tous les mouvements du navire, ils roulèrent en bondissant. Malheur au matelot dévoué qui voulait les saisir ! un coup de tangage ramenait vers lui le pesant projectile.

Enfin le vent et la mer commencèrent à se calmer peu à peu. D'Estaing, qui, dans la plus critique des positions, avait subitement grandi aux yeux de son équipage, venait de faire gréer un mât et une voile de fortune, quand un vaisseau ennemi, de trente canons, que la tempête avait épargné, se présenta. Libre d'attaquer le *Languedoc* du côté qu'il le voudrait, il resta quelque temps à l'examiner, et manœuvra enfin pour lui passer en poupe. Le vice-amiral, sur son vaisseau sans mâts et sans gouvernail, n'avait aucun moyen de changer de position, et devait attendre que son adversaire voulût bien se placer lui-même devant ses canons.

L'Anglais, qui cherchait une victoire aisée, s'en donna bien de garde ; mais passant et repassant successivement sur l'arrière du *Languedoc*, qui, attaqué ainsi, ne pouvait lui opposer que six canons, il commença à lui envoyer à intervalles égaux, comme dans un salut, une série de boulets qui, bien dirigés, enfilaient ses batteries dans la longueur, et y causaient d'affreux ravages.

D'Estaing utilisait avec une si merveilleuse habileté les six pièces dont il pouvait disposer, que l'Anglais, au bout d'une demi-heure de combat, laissa subitement arriver et s'éloigna; il est probable que son capitaine redoutait quelque surprise; car, en prolongeant l'action de la manière dont il l'avait engagée, il eût infailliblement coulé le *Languedoc*.

Délivré de ce nouvel ennemi, le vice-amiral se hâta de se réparer le mieux possible, afin de se défendre avec quelques chances de salut s'il rencontrait un nouvel assaillant. La fin du jour et toute la nuit suivante furent employées à ces rudes travaux, qu'il dirigeait lui-même, et où il fit preuve d'un esprit fécond en ressources et d'une connaissance approfondie de tous les secrets de son art.

De grand matin, neuf voiles parurent à l'horizon. Aussi longtemps que la distance empêcha de les reconnaître, une anxiété mortelle régna à bord du *Languedoc*. Heureusement pour lui elles étaient françaises, et venaient à la recherche du vice-amiral.

D'Estaing, après quelques combats partiels, dans lesquels il prit aux Anglais une douzaine de navires, après avoir mis en fuite la flotte qui s'était présentée devant Boston, crut qu'il était temps de s'occuper un peu des intérêts de la France, et fit voile pour les Antilles, gravement menacées par l'amiral Holham et le général Graunt.

En arrivant dans ces mers il trouva les Anglais maîtres de Sainte-Lucie, et, pour couvrir leur conquête, huit vaisseaux de ligne embossés sous les batteries de la côte. Comme il ne fallait pas songer à forcer un tel poste, d'Estaing se dirigea sur Saint-Vincent, dont il s'empara; de là il cingla vers la Grenade. Cette île, qui était protégée autant par sa position presque inexpugnable que par ses forts perdus dans les nuages, se croyait, plus que toute autre, à l'abri d'un coup de main. Le vice-amiral résolut de profiter de la confiante sécurité de son gouverneur.

Quoique sans artillerie, il n'hésite pas à descendre à terre avec des troupes de débarquement qu'il vient de recevoir de France et une partie de ses équipages. Une de ces montagnes escarpées connues dans les colonies sous le nom de *mornes* s'élevait à quelque distance du rivage, et son sommet, entouré d'une ceinture de fossés et de palissades, dominait tous les forts de l'île. Déloger les Anglais de là était une de ces conceptions hardies habituelles à d'Estaing. A la nuit il divise sa petite troupe en trois colonnes, qui de trois côtés différents commencent leur périlleuse ascension. Lui-même, l'épée à la main, s'élance à la tête de la première colonne.

Rien n'arrêta l'impétuosité française : ni les difficultés du terrain, qui forçaient les assaillants à se porter, à se pousser, à se soutenir, pour ainsi dire, les uns les autres; ni les boulets et les balles; en un clin d'œil, tous les travaux qui couronnent le morne sont enlevés. Maître de ce point, d'Estaing fait tourner les canons, que les Anglais n'ont même pas eu le temps d'enclouer, contre le fort, occupé par le gouverneur en personne. Aux premières volées, dont les boulets plongent au milieu des Anglais et viennent les chercher derrière leurs parapets et leurs fossés, ils demandent à capituler; en sorte qu'à dix heures du matin le drapeau de la France flotte sur l'île entière.

Il était à peine arboré, que l'amiral Byron, avec vingt et un vaisseaux de ligne, se présenta pour secourir la Grenade ou pour la reprendre. Le vice-amiral appareilla sur-le-champ, et quoiqu'une mauvaise manœuvre le privât du concours de cinq vaisseaux de la division du comte de Grasse, d'Estaing reçut Byron de manière à l'obliger de se retirer au bout de quelques heures, avec son escadre tellement maltraitée que plusieurs de ses vaisseaux coulèrent en pleine mer, et que d'autres allèrent échouer à la Jamaïque.

Deux jours avaient suffi au vice-amiral pour enlever une île et battre une flotte supérieure à la sienne. Aussi fut-il reçu avec le plus vif enthousiasme, quand, après le combat, il jeta l'ancre dans la rade de Saint-Georges. Cependant cette double victoire ne réduisit que momentanément ses ennemis à l'inaction, et bientôt il fut de nouveau en butte à la malveillance de ses officiers, laquelle se manifestait par des tracasseries continuelles. Si d'Estaing eût trouvé dans ses égaux, dans ses subordonnés, des sentiments de confraternité, de confiance et de dévouement qui lui eussent permis d'entreprendre tout ce qu'il était capable d'exécuter, peut-être n'eût-il pas déshonoré la fin de sa vie; mais, aigri par l'injustice, il se laissa entraîner peu à peu vers la haine et la vengeance.

Après une nouvelle campagne en Amérique, dans laquelle il donna de nombreuses preuves de courage et de capacité, d'Estaing revint en France, où il fut diversement accueilli.

En 1783 il était à Cadix, à la tête des flottes combinées de l'Espagne et de la France, sur le point de partir pour une expédition que la paix fit abandonner.

De retour à Paris, où les orages précurseurs de la révolution commençaient à gronder, il parut dans l'assemblée des notables. C'est alors que, voyant dans le parti de la cour tous ses ennemis personnels, il céda à ses ressentiments, et, dans l'espoir de se venger, se confondit dans les rangs des plus ardents adversaires de la royauté; une fois lancé sur cette route, d'Estaing ne devait plus s'arrêter : de faute en faute il en vint à se montrer un des plus violents accusateurs de l'infortunée Marie-Antoinette.

Mais, à cette époque fatale, la république battait monnaie sur la place de la Révolution, et, malgré les gages qu'il lui avait donnés, d'Estaing, noble et riche, était nécessairement voué à la guillotine : elle fit tomber sa tête le 28 avril 1794.

DUCOUËDIC DE KERGOUALER

Quoique les bornes de cet ouvrage nous imposent la loi de ne consacrer un article spécial qu'aux marins qui ont été chargés d'une série de commandements importants et d'expéditions majeures, nous croyons faire plaisir à nos jeunes lecteurs en leur racontant comment un simple capitaine de frégate, par un seul fait d'armes, se couvrit d'une gloire immortelle, et entoura son nom, jusque-là obscur, de la plus brillante auréole. Il n'est pas de marin en Europe qui ne prononce avec respect le nom de Ducouëdic. On parlera encore du combat de la *Surveillante* et du *Québec* quand les batailles navales où des escadres entières ont été engagées seront tombées dans l'oubli.

Le 6 octobre 1779, la frégate *la Surveillante,* qui avait été envoyée en reconnaissance, rencontra à mi-marche la frégate anglaise *le Québec.*

Les deux frégates étaient exactement de même force en canons et en équipages. Elles manœuvrèrent quelque temps pour s'observer et se disposer au combat; l'une était commandée par Ducouëdic, et l'autre par le commodore Farmer.

Lorsque tout le monde fut à son poste, sur l'invitation de Ducouëdic, l'aumônier, après avoir imploré l'arbitre suprême de la victoire, adressa à l'équipage une courte exhortation, qu'il termina par ces mots : « Mourir pour son roi et son pays est aussi une espèce de martyre. »

Il était onze heures quand la *Surveillante* ouvrit le feu; le *Québec* ne répondit que lorsqu'il fut à demi-portée. Peu à peu les deux vaisseaux se rapprochèrent encore, et bientôt les ravages de la mitraille et de la mousqueterie devinrent affreux.

Le combat durait depuis une demi-heure, quand Farmer, par une adroite manœuvre, essaya de se laisser dépasser par la *Surveillante* pour lui envoyer toute sa bordée en poupe; mais Ducouëdic le prévint, et, quand la frégate anglaise eut viré de bord, la frégate française achevait de virer elle-même, conservant ainsi jusqu'à la fin de l'action l'excellente position qu'elle avait prise.

Cependant les deux rivaux diminuaient de plus en plus l'espace qui les séparait. Bientôt ils furent presque bord à bord, et c'est ainsi qu'ils se canonnèrent pendant quatre heures. Plus la lutte se prolongeait, plus l'issue en devenait incertaine, et ce combat semblait ne devoir finir que par l'anéantissement des deux vaisseaux. Ils présentaient en ce moment le plus affreux spectacle que l'on puisse se figurer : leurs flancs, hachés et déchiquetés par les boulets, offraient de larges ouvertures, en sorte que les canonniers des batteries, décimés par une grêle de balles, n'étaient pas moins exposés que les matelots qui combattaient sur les ponts, quoique les ponts de la *Surveillante* et du *Québec*, balayés sans relâche par la mitraille, fussent tellement encombrés de cadavres que les survivants, pour charger leurs mousquets ou choisir leurs victimes, s'en servaient comme d'un abri.

Ducouëdic, deux fois blessé à la tête, ne songe pas à se faire panser; la face ruisselante de sang et de sueur, noircie de poudre, il continue à donner ses ordres. Presque tous ses officiers tombent à ses côtés, mais ne cessent de le seconder tant qu'il leur reste un souffle de vie.

Si le *Québec,* de son côté, n'avait pas fait des pertes moins cruelles, l'exaltation des Anglais, officiers et matelots, ne le cédait pas non plus à celle de l'équipage français; de part et d'autre, chacun des combattants semblait avoir fait le sacrifice de sa vie.

Tout à coup un boulet emporte le pavillon de la *Surveillante,* et le *Québec* retentit d'un long *hurra* de joie. Prompt comme la pensée, un pilote nommé le Manq saisit un autre pavillon, s'élance dans les haubans, et devient à l'instant le point de mire des canons, des fusils et des pistolets; mais, inébranlable dans sa résolution, il ne descend qu'après avoir déployé et fait flotter de nouveau l'étendard de la France qui jamais n'avait été plus héroïquement défendu.

Peu après, les trois mâts de la frégate s'affaissèrent à la fois; mais, par un heureux hasard, ils tombèrent du côté où ils gênaient le moins. Ceux du *Québec*, au contraire, en tombant à leur tour, écrasèrent sous leur chute une quantité de matelots, et couvrirent la frégate de leurs immenses et inextricables débris.

« A l'abordage, enfants! crie alors Ducouëdic, à l'abordage! voilà le moment! » L'instant était, en effet, admirablement choisi; car les Anglais, pour la plupart empêtrés dans les cordages, les voiles et les vergues qui jonchaient leur navire, se trouvaient dans l'impossibilité de se défendre avec quelque avantage.

Trois Français s'étaient déjà précipités sur le *Québec*, quand une épaisse colonne de fumée, suivie d'une immense gerbe de feu, s'élança en mugissant de ses écoutilles et de ses sabords.

A cet aspect un sentiment nouveau s'empare du cœur de Ducouëdic. Les Anglais ne sont plus ses ennemis, ce sont des frères, des naufragés. Ce n'est plus l'abordage qu'il commande, ce sont des moyens de salut qu'il dispose.

Mais le feu qui dévore le *Québec* menace la *Surveillante*, qui, rasée d'un bout à l'autre, flotte au gré des vents et des flots comme une masse inerte. Ce ne fut qu'après des efforts inouïs, et grâce à une présence d'esprit extraordinaire, que Ducouëdic parvint à s'éloigner d'une centaine de mètres de la frégate incendiée. Une fois son navire en sûreté, le capitaine français s'occupa de nouveau de multiplier les moyens de sauver une partie du moins de l'équipage anglais; il voulut s'assurer par lui-même si parmi ses chaloupes il s'en trouvait une seule capable de tenir la mer pendant quelques instants; mais à leur place il ne vit qu'un amas informe de planches brisées.

Sa douleur fut si poignante en ce moment, que de grosses larmes coulèrent le long de ses joues. C'était, en effet, un spectacle profondément triste que celui qu'offrait le couronnement du *Québec*. Tout l'avant du navire n'était plus qu'une vaste fournaise, tandis que l'arrière, où flottait encore le pavillon national, se détachait en noir sur un horizon de feu. Le commodore Farmer, mortellement blessé par deux balles, s'y était retiré avec les restes de son équipage, et comme il avait conservé à peu près intact le plus petit de ses canots, il veillait avec un sang-froid sublime à ce qu'aucune confusion ne vînt retarder l'embarquement de ses hommes, qui par petites divisions se rendaient à bord de la *Surveillante*. En vain son premier lieutenant le pressait à chaque nouveau convoi de descendre dans la chaloupe. Farmer fut inébranlable. « Je dois, répondit-il, sortir le dernier du *Québec*, ou sauter avec lui. »

C'est ce qui arriva bientôt. La commotion fut si forte qu'un sourd mugissement sembla parcourir la *Surveillante* ébranlée, et, au milieu des flammes de l'explosion, qui parvinrent jusqu'à elle, Anglais et Français virent pour la dernière fois le brave Farmer, dont l'attitude, à cette heure suprême, était encore pleine de calme et de dignité.

Quarante-cinq matelots et trois officiers seulement échappèrent au désastre du *Québec*, et furent recueillis par la *Surveillante*.

Nous n'essayerons pas de dépeindre le triste état de cette noble frégate. Deux ennemis également redoutables la menaçaient : elle brûlait et coulait tout à la fois. A deux reprises différentes, on se vit même dans la nécessité de monter les blessés sur le pont, tant l'eau gagnait rapidement la cale. Elle fut enfin définitivement sauvée, grâce à la coopération des Anglais, qui dans cette circonstance se signalèrent par leur activité et par une obéissance admirable aux ordres de Ducouëdic. Alors seulement ce digne officier voulut songer à lui et permettre que l'on pansât ses blessures. Toutefois, avant de quitter le pont, il réunit encore autour de lui les matelots du *Québec*, et leur exprima tous ses regrets de n'avoir pu conserver leur capitaine, pour lequel il était pénétré de la plus profonde estime. « Pour vous, ajouta-t-il, vous avez fait admirablement votre devoir, et, comme votre frégate a péri son pavillon flottant, vous serez traités non comme des prisonniers de guerre, mais comme des frères recueillis d'un naufrage. »

A ces touchantes et simples paroles, Français

et Anglais confondirent leurs larmes, et dès cet instant il sembla qu'il n'y eût plus qu'un seul peuple à bord de la frégate. Tous se serraient les mains en tournant les yeux vers Ducouëdic. Bientôt les matelots de la *Surveillante,* imitant à l'envi leur capitaine, partagent leurs vêtements avec ceux du *Québec,* qui la plupart s'étaient déshabillés pour se jeter à la nage et gagner ainsi plus facilement la frégate, où les attendait la plus généreuse hospitalité.

Du reste, si à toutes les époques, dans les temps les plus reculés comme de nos jours, le marin français a toujours été la providence de ses frères dans la détresse, jamais son caractère chevaleresque n'avait brillé d'un aussi vif éclat que dans cette circonstance. Comme pour compléter la sublime leçon donnée par Ducouëdic à toutes les nations du monde, quelques jours après ce mémorable combat, Louis XVI, au milieu d'une des guerres maritimes les plus acharnées, ordonnait aux commandants et aux officiers de son armée navale de respecter, partout où ils le rencontreraient, le bâtiment de Cook, le célèbre navigateur anglais.

Ce ne fut qu'au commencement de la nuit que l'on put songer à bord de la *Surveillante* à prendre quelque nourriture et à se reposer. Depuis huit heures du matin aucune distribution de vivres n'avait été faite, et les plus robustes matelots étaient tellement exténués, qu'il se trouva à peine quelques hommes capables de faire le service du gouvernail.

Tous les quarts d'heure on changeait de timoniers, et cependant plusieurs fois l'officier de quart les trouva endormis. Anglais et Français étaient indistinctement chargés de cet important service, tant la confiance était entière et réciproque. Si le temps eût changé, si la mer fût devenue mauvaise, c'en était fait de la *Surveillante*, qui se soutenait à peine ; mais une molle brise venant de l'ouest continua à souffler toute la nuit, et l'on eût dit que l'Océan portait respectueusement la frégate délabrée, et comprimait ses moindres vagues.

L'aumônier, qui au milieu des horreurs du combat n'avait cessé de vaquer à son ministère de paix, venait d'adresser au Ciel la prière pour ceux qui avaient péri et la prière pour ceux qui avaient survécu ; tout l'équipage à genoux venait de répondre : *Amen!* quand, à onze heures du matin, la vigie s'écria : *Terre!*

Eu même temps les signaux de la côte annoncèrent qu'une frégate française désemparée se dirigeait vers Brest. Le commandant du port expédia aussitôt à sa rencontre une corvette avec des matelots, des ouvriers, des chirurgiens, des médicaments ; mais, quand ces secours arrivèrent, déjà les bâteaux pêcheurs, qui s'étaient en foule détachés du rivage, avaient pris la *Surveillante* à la remorque et proposé à Ducouëdic de le conduire jusque dans la rade de Cameret, à la seule condition qu'il voudrait bien accepter leur poisson.

Ducouëdic y consentit pour ne pas blesser ces

braves gens ; ils se mirent alors à ramer avec tant de vigueur que, le soir même, la *Surveillante* laissait tomber son ancre à une demi-portée de canon de la terre.

Le lendemain, 8 octobre, les matelots qui se trouvèrent à Brest sollicitèrent comme une faveur insigne la permission de monter sur la *Surveillante*, pour travailler à la place de ceux qui avaient combattu.

Quand elle fut lavée et nettoyée, toutes les chaloupes, tous les canots, toutes les péniches des bâtiments de la rade vinrent la prendre pour la remorquer, et c'est ainsi que la *Surveillante*, traînée par mille rameurs, fit son entrée dans le port de Brest. Plus de soixante vaisseaux de guerre s'étaient pavoisés pour la recevoir, et, à mesure qu'elle passait devant l'un d'eux, tout l'équipage, rangé sur ses vergues, la saluait de trois cris de Vive le roi ! que répétait chaque fois une population innombrable accourue sur la plage.

Les bombardiers de la marine transportèrent à son logement Ducouëdic, escorté par les autorités civiles et militaires ; le brancard où il était couché semblait un char triomphal, tant il était orné de pavillons et de glorieux emblèmes. Les blessés de la *Surveillante* furent également débarqués avec tous les soins imaginables, et les sentiments qui avaient guidé Ducouëdic étaient tellement compris et respectés, que l'on ne fit en cette circonstance aucune distinction entre les Français et les étrangers; ils étaient l'objet des mêmes égards, des mêmes honneurs.

Un ordre de Louis XVI vint bientôt sanctionner la promesse qu'ils avaient reçue de n'être point considérés comme prisonniers de guerre.

Non seulement ils furent laissés libres, non seulement l'intendance militaire leur fournit vivres et argent; mais un bâtiment neutre, frété tout exprès pour une si belle mission, les reconduisit dans leur patrie.

Un moment on espéra la complète guérison du héros de la *Surveillante*. L'intérêt que l'on prenait à sa santé était devenu, pour ainsi dire, européen : il n'est point d'honneurs, de félicitations qui ne lui aient été prodigués; mais il ne devait pas survivre à tant de gloire, et il expira à quarante ans, trois mois après son combat.

Sa fin couronna dignement sa vie. Ses dernières paroles furent des conseils d'honneur et de vertu, et ses derniers adieux à sa famille offrirent le plus bel exemple de sa modestie et de sa résignation chrétienne.

Sa veuve et ses enfants furent déclarés enfants de l'État, et Louis XVI fournit lui-même l'inscription du tombeau qu'il fit élever à ses frais : *Jeunes élèves de la marine, admirez et imitez l'exemple du brave Ducouëdic.*

DE LAPÉROUSE

1741

Jean-François Galaup de Lapérouse naquit à Albi, en 1741. Il témoigna de fort bonne heure un goût très vif pour la navigation ; aussi son père s'efforça-t-il de lui procurer les connaissances qui pouvaient le faire briller dans sa carrière de prédilection.

A seize ans, Lapérouse avait dévoré tous les livres qui traitent de la navigation, possédait des notions astronomiques beaucoup plus complètes que celles de la plupart des officiers de son temps, et avait étudié à fond la construction, l'installation et le gréement des vaisseaux.

Embarqué comme garde-marine à bord du *Formidable*, il consacrait à l'étude tous les moments de loisir que lui laissaient les besoins du service. Blessé et fait prisonnier dans le combat que livra le maréchal de Conflance aux Anglais, il trompa les ennuis de sa captivité en prenant des notes sur l'équipement des vaisseaux anglais, qui à cette époque différaient assez notablement des nôtres. Revenu dans sa patrie, il obtint successivement le grade d'enseigne et de lieutenant de vaisseau, qu'il remplissait en 1778.

Pendant les quatorze années de paix, de 1764 à 1778, il parcourut toutes les mers du globe, s'occupant avec une ardeur infatigable à rédiger une série d'observations géographiques et astronomiques du plus grand intérêt. Elles servirent de base à une foule de rectifications dont les meilleures cartes marines avaient encore tant besoin.

Dans la guerre dite *de l'indépendance,* Lapérouse, sous l'ordre du vice-amiral d'Estaing, se distingua par la prise de la frégate anglaise *l'Ariel.* Ce beau fait d'armes lui valut le grade de capitaine de vaisseau et l'honneur de diriger l'expédition résolue contre les établissements anglais de la baie d'Hudson. Parti du Cap-Français (Saint-Domingue) le 31 mai 1782, avec un vaisseau de soixante-quatorze canons, *le Sceptre,* et deux frégates, *l'Astrée* et *l'Engageante,* il pénétra dans la baie d'Hudson, qui, même pendant l'été, se trouve quelquefois encombrée d'énormes glaçons. La partie supérieure de ces glaçons, à mesure qu'ils s'éloignent des mers polaires, fond plus ou moins complètement, et c'est lorsqu'ils flottent, pour ainsi dire, entre deux eaux, que leur rencontre imprévue expose les navires aux plus grands dangers.

Lapérouse se trouva plusieurs fois en butte à d'épouvantables chocs, et il ne dut le salut de ses vaisseaux qu'à une foule de précautions ingénieuses et à une surveillance infatigable. Pour arriver au but de son voyage, il lui fallut, pendant plus de quinze jours, profiter des étroits passages que les glaces, dans leur mouvement continuel, laissaient momentanément libres. Des brumes épaisses vinrent encore rendre sa position plus critique ; dans ces moments Lapérouse n'avait d'autre ressource pour reconnaître l'approche d'une de ces îles de glace que l'abaissement subit de la température.

Enfin le 8 août, vingt et un jours après son entrée dans la baie, il mouilla à l'embouchure de la rivière Churchill, qui se jette dans la mer par 59° de latitude.

Le fort du Prince-de-Galles défendait l'entrée de cette rivière ; mais son commandant ne jugea pas à propos de tenter la moindre résistance, et se rendit à la première sommation qui lui fut faite. Lapérouse, ayant rasé ce fort, remit à la voile, et, se dirigeant vers le sud, s'empara avec la même facilité d'un autre point fortifié, dont les défenseurs et les habitants s'étaient pour la plupart enfuis dans les bois. Lapérouse donna à cette occasion une grande preuve d'humanité. Forcé par les instructions qu'il avait reçues de détruire tous les établissements militaires des Anglais, il réfléchit que les fugitifs, manquant probablement d'armes, de munitions et de vivres, seraient exposés après son départ à mourir de faim, ou à tomber entre les mains des sauvages. Il ménagea donc quelques grandes baraques qui pussent momentanément abriter ceux qui avaient cherché un refuge dans les forêts, et eut soin d'y déposer une certaine quantité de provisions de toute espèce.

Si l'expédition de Lapérouse n'eut pas un grand retentissement ; si le vulgaire, qui ne se passionne que pour les actions d'éclat, s'informa à peine du nom du jeune capitaine, il n'en fut pas de même des esprits élevés, qui, pour juger un officier, attachent autant d'importance à la manière dont il dirige une campagne qu'aux résultats qu'il a obtenus. Pour les hommes du métier, la navigation de Lapérouse à travers les glaces et les brumes de la baie d'Hudson parut un fait excessivement remarquable, et ils déclarèrent hautement qu'il avait fallu plus de sang-froid, de courage et de connaissances nautiques pour sortir d'un si mauvais pas que pour gagner vingt batailles. Le roi Louis XVI, juste appréciateur du mérite, accueillit Lapérouse avec la plus grande distinction, et voulut bien lui confier le projet du grand voyage de circumnavigation qu'il méditait.

Ce prince, comme on sait, possédait en géographie, et même en hydrographie, des connaissances assez étendues. Passionné pour la lecture des voyages et des découvertes, il avouait souvent, dans l'intimité, que le seul des grands hommes qu'il enviât à l'Angleterre, c'était le célèbre Cook.

Lapérouse, d'après ses ordres, dressa un plan de campagne, que le monarque couvrit de notes marginales écrites de sa propre main, soit pour approuver, soit pour rectifier. Toutes ces notes, qui décèlent de profondes études des intérêts de la navigation et du commerce, offrent une nouvelle preuve de la grandeur d'âme et des nobles sentiments qui animaient cet infortuné monarque. Voici, du reste, un court échantillon de son style et de ses vues : « Pour résumer ce qui est proposé dans ce mémoire et les observations que j'ai faites, il y a deux parties, celle du commerce, et celle des reconnaissances. La première a deux points principaux : la pêche de la baleine dans l'Océan méridional de l'Amérique du Sud et les parages du cap de Bonne-Espérance; l'autre est la traite des pelleteries dans le nord-ouest de l'Amérique, pour être transportées en Chine, et, si l'on peut, au Japon. Quant à la partie des reconnaissances, les points principaux sont celui de la partie nord-ouest de l'Amérique qui concourt avec la partie commerciale, celui des mers du Japon, qui y concourt aussi; mais je crois que, pour cela, la raison indiquée dans le mémoire est mal choisie; celui des îles Salomon et celui du sud-ouest de la Nouvelle-Hollande. Tous les autres points doivent être subordonnés à ceux-là. On doit se restreindre à ce qui est le plus utile et à ce qui peut s'exécuter à l'aise dans les trois années proposées. »

Toutes les instructions que reçut Lapérouse

avant son départ ne sont que le développement de ces vues générales.

Jamais voyage d'exploration ne fut préparé avec plus de soin et ne se fit dans de meilleures conditions. Entraînés par l'exemple du monarque, tous les savants rivalisèrent de zèle pour donner à Lapérouse les indications dont il pouvait avoir besoin pour rendre son voyage fécond en découvertes utiles, et le mettre à même d'éclaircir une foule de questions qui ne pouvaient être tranchées faute d'éléments suffisants. Un grand nombre d'entre eux poussèrent même le dévouement jusqu'à braver les dangers d'une si longue navigation, et demandèrent avec instance l'autorisation d'accompagner Lapérouse. Le choix du monarque tomba sur l'ingénieur géographe Bernizet, l'astronome Dagelet, le physicien minéralogiste et météorologiste Lamanon, l'abbé Mongès, l'astronome Monge, le naturaliste Dufresne, enfin le père Receveur, naturaliste distingué.

La *Boussole*, que montait Lapérouse, et l'*Astrolabe*, commandée par de Langle, ayant chacune cent hommes d'équipage, sans compter les personnes chargées des observations scientifiques, mirent à la voile le 1er août 1785. Elles touchèrent à Madère, et firent une courte station à l'île Sainte-Catherine, située dans l'Amérique méridionale, non loin de l'embouchure de la Plata. De là les frégates coururent droit au sud et doublèrent le cap Horn. Le 22 février de l'année suivante, Lapérouse laissait tomber l'ancre dans la baie de la Conception, sur les côtes du grand Océan. Continuant sa route vers le nord, il reconnut l'île de Pâques et les îles Sandwich, où Cook l'avait précédé : se rapprochant alors insensiblement de la terre ferme, il vint atterrir au mont Saint-Élie, situé à la côte nord-ouest de l'Amérique, par environ 60° de latitude. Pendant trois mois, l'expédition explora le littoral sur une étendue de deux cent quarante myriamètres, s'avançant lentement du nord au sud. Elle reconnut un port qui avait échappé à Cook, et qui reçut le nom de Port-Français.

C'est là que Lapérouse, dont le voyage n'avait encore été troublé par aucun accident fâcheux, vit sa sensibilité mise à une rude épreuve. Profitant d'un temps magnifique, il avait envoyé plusieurs canots pour sonder la baie au fond de laquelle se trouve placé le port dont nous venons de parler.

Par une fatalité déplorable, cette opération avait été considérée comme une partie de plaisir, en sorte qu'un certain nombre d'officiers voulurent en être, et notamment les deux frères de Laborde, jeunes marins de grande espérance, et que l'on citait comme un touchant exemple d'amitié fraternelle.

Aussi longtemps que les canots se tinrent à une certaine distance de l'entrée du port, ils voguèrent sans aucun danger sur une mer dont un léger souffle ridait à peine la surface ; ils se livrèrent donc au sondage avec cette insouciante gaieté qui fait le fond du caractère de nos marins. Tout à coup deux canots, en passant devant l'ouverture du port, se sentirent rapidement entraînés par un irrésistible courant, qui les portait au milieu des brisants dont la côte était semée. Aux cris de détresse poussés par les matelots, les autres embarcations voulurent voler à leur secours; mais toutes, à l'exception d'une seule, furent englouties en quelques instants, parce que la brise était trop faible pour que la puissance de leurs voiles fût capable de les soutenir contre l'effort de la marée.

L'un des Laborde, l'aîné, était cependant parvenu à sortir des brisants, où il avait été entraîné comme les autres, quand il aperçut le canot où se trouvait son frère horriblement ballotté par les lames. N'écoutant que son courage et se fiant trop peut-être à la vigueur de ses rameurs, il se laissa une seconde fois dériver vers son frère, et parvint même à lui jeter une amarre; mais, soit que la force du courant se fût accrue, soit que les matelots fussent épuisés par leur première lutte, il vit disparaître son frère, et son propre canot ne tarda pas à être mis en pièces. Vingt-deux hommes périrent dans ce désastre, d'autant plus cruel que rien ne semblait le présager.

Du Port-Français, les frégates s'enfoncèrent dans l'ouest, et, après avoir dépassé les îles Sandwich, elles découvrirent une petite île stérile, à laquelle on donna le nom de Necker. La nuit qui suivit cette reconnaissance fut sur le point de devenir fatale à Lapérouse. D'une à deux heures après minuit, les deux frégates aperçurent inopinément un récif à fleur d'eau sur lequel elles couraient à toutes voiles. Elles en étaient déjà si près que, malgré la promptitude de leur manœuvre, Lapérouse estima que la *Boussole n'en était pas passée à plus de cent toises*. Jusqu'à Macao, où il relâcha, après avoir coupé la file des îles Mariannes et reconnu celle de l'Ascension, aucun autre accident ne vint contrarier son voyage.

Le port de Cavite, aux Philippines, offrit à l'expédition tous les objets d'approvisionnement dont elle commençait à avoir le plus grand besoin. Lapérouse y séjourna six semaines, qu'il employa utilement à regréer et à radouber ses deux frégates.

Des Philippines il remonta au nord pour explorer les côtes de Tartarie et la mer du Japon. Aucun navigateur avant lui n'avait visité en détail ces contrées, que l'on ne connaissait que par les rapports des missionnaires.

La *Boussole* et l'*Astrolabe,* après avoir vérifié la position de l'île de Quelpaert, continuèrent leur route, prolongeant alternativement les côtes de la Tartarie et du Japon, qui font de la mer du Japon une espèce de Méditerranée. A mesure que Lapérouse s'avançait dans le nord, les terres situées parallèlement, entre lesquelles il s'engageait, se rapprochèrent de plus en plus, en sorte qu'il se trouva bientôt dans une espèce de canal qui n'avait pas seize kilomètres de largeur.

Il espérait en sortir par le nord, quand la profondeur de l'eau diminuant tout à coup le força de s'arrêter. Il envoya ses canots à la découverte d'une passe; mais après plusieurs jours employés en recherches infructueuses, il ne renonça à son projet qu'après s'être assuré que le canal était complètement barré par une chaîne de récifs et de bancs de sable.

Un coup de vent du sud, qui dura près d'une semaine entière, rendit la position des deux frégates fort critique, et il fallut toute l'habileté de leurs commandants pour les arracher de ces mers *où chaque flot cache un écueil*. Heureusement la côte de Tartarie offrit à Lapérouse un asile sûr dans une belle baie, qu'il nomma baie de Castries.

En revenant vers le sud, l'expédition prolongea l'île Saghalien, et découvrit le détroit qui porte le nom de son chef.

La découverte de ce détroit rectifia une erreur importante. Toutes les cartes marines n'indiquaient qu'une seule et même grande terre au nord du Japon, Lapérouse constata l'existence de deux îles parfaitement distinctes, séparées par un passage navigable.

En quittant ces lieux, il vérifia la plupart des îles rencontrées par les navigateurs hollandais, traversa les Kouriles, et vint relâcher au havre Saint-Pierre et Saint-Paul, dans le Kamtchatka.

Les frégates en partirent le 29 septembre 1787, et touchèrent aux îles des Navigateurs, où les attendait un nouveau malheur, qui fut comme le présage funeste de la perte totale de l'expédition.

De Langle, capitaine de l'*Astrolabe,* pour renouveler ses provisions d'eau douce, était entré avec sa chaloupe et son canot dans une crique entourée de rochers. Les insulaires lui laissèrent débarquer ses futailles sans manifester aucune intention hostile. Quoique la mer en baissant eût laissé les embarcations à sec sur la grève, de Langle acheva son opération sans être sérieusement inquiété ; ce ne fut qu'au moment où il commença à rouler ses barriques vers le rivage que les naturels, dont le nombre s'était considérablement accru, commencèrent à devenir importuns et à former autour des Français un cercle compact qui se resserrait sur eux à chaque moment.

Toutefois de Langle parvint à se rembarquer avec tout son monde; il attendait avec impatience l'heure de la marée quand tout à coup les sauvages, poussant de grands cris, l'attaquèrent avec des pierres et des flèches. Alors seulement de Langle ordonna de faire feu ; mais il était trop tard : les assaillants, qui ne se trouvaient qu'à quelques pas des canots, fondirent sur les Français avant qu'ils eussent le temps de recharger leurs armes. Après une héroïque défense, ils furent presque tous massacrés ; de Langle et le naturaliste Lamanon tombèrent les premiers. Quelques matelots parvinrent à regagner à la nage une chaloupe mouillée au large.

De l'île des Navigateurs, Lapérouse fit route vers le sud, et vint jeter l'ancre à Botany-Bay. C'est de cette relâche qu'est datée la dernière lettre qu'il écrivit au ministre de la marine. « Je vais remonter, dit-il, aux îles des Amis, et je ferai absolument tout ce qui m'est enjoint par mes instructions, relativement à la partie méridionale de la Nouvelle-Calédonie, à l'île de Santa-Cruz de Mendana, à la côte sud de la terre des Arsacides de Surville, et à la terre de Louisiade de Bougainville, en cherchant à connaître si cette dernière fait partie de la Nouvelle-Guinée, ou si elle en est séparée.

« Je passerai, à la fin de juillet, entre la Nouvelle-Guinée et la Nouvelle-Hollande, par un autre canal que celui d'Endeavour, si toutefois il en existe un. Je visiterai, pendant le mois de septembre et une partie d'octobre, le golfe de Carpentarie et toute la côte de la Nouvelle-Hollande, jusqu'à la terre de Diémen, mais de manière cependant qu'il me soit possible de remonter au nord assez tôt pour arriver à l'île de France vers le 10 du mois de décembre 1788. »

Tels étaient les projets de l'infortuné Lapérouse. Depuis son départ de Botany-Bay, on ne reçut ni directement ni indirectement aucune nouvelle des deux frégates. D'Entrecasteaux, envoyé à la recherche de Lapérouse, ne recueillit que des indices insignifiants sur le sort qu'il éprouva. Il était réservé à un marin de nos jours, dont une épouvantable catastrophe, celle du chemin de fer de Paris à Versailles (8 mai 1842), a terminé la brillante carrière, de soulever le voile mystérieux qui, pendant près de quarante années, semblait tous les jours s'épaissir davantage : Dumont-d'Urville retrouva l'écueil où s'étaient brisés l'*Astrolabe* et la *Boussole*. Pour compléter l'histoire de Lapérouse, nous allons donner à nos lecteurs la partie du rapport de M. Rossel ayant trait au naufrage de Lapérouse [1].

« . . . . . Malgré le peu de succès des recherches faites avec zèle et persévérance pour retrouver les traces de l'expédition de l'infortuné Lapérouse, ses compatriotes n'avaient jamais perdu de vue cet illustre navigateur... L'intérêt général ne s'était point ralenti à cet égard ; les bruits les plus vagues en apparence étaient saisis avec empressement ; ils venaient ranimer l'espoir que l'on avait conservé de retrouver, de sauver peut-être quelques-uns de nos malheureux compatriotes, tristes débris d'un naufrage dans quelque île inconnue, ou perdus dans l'océan Pacifique ou grand Océan... Quelque temps avant le départ de M. d'Urville, un officier anglais répandit dans le public qu'un capitaine américain lui avait dit qu'ayant découvert un groupe d'îles peuplées et entourées

1 Le gouvernement, après avoir réuni tous les débris des deux frégates *la Boussole* et *l'Astrolabe* qu'il a pu se procurer, ainsi que quelques-uns des objets ayant appartenu à de Lapérouse, en a formé, dans une des salles du musée naval, un trophée funéraire, que l'on ne peut considérer sans se sentir vivement ému.

de récifs, il avait eu des communications avec les habitants, et avait vu entre leurs mains une croix de Saint-Louis et des médailles telles que Lapérouse en avait sur son expédition. Malheureusement le capitaine américain n'avait donné aucun renseignement sur le nom et la position des îles où il avait rencontré ces indices. Le récit de ce capitaine, quoiqu'il laissât tant à désirer, vint à l'appui du désir que l'on avait de favoriser les progrès de l'hydrographie et des sciences en général, et contribua beaucoup à faire entreprendre une campagne de découvertes dans l'océan Pacifique. Elle fut confiée à M. Dumont-d'Urville, qui partit de Toulon, sur la corvette *l'Astrolabe,* le 22 avril 1826.

« Après une navigation savante et hérissée de périls qu'il sut vaincre, M. Dumont-d'Urville vint mouiller, le 20 décembre 1827, sous les murs de la ville d'Hobart-Town, île de Diémen, et là il apprit que le capitaine Dillon avait trouvé sur les îles Mallicolo des traces de l'infortuné Lapérouse, et pour la première fois il reçut des renseignements certains sur la route qu'il devait suivre pour remplir l'objet le plus important de sa mission. Il se hâta de se rendre à l'île Ticopia, où il espérait trouver des indications pour se rendre au lieu du naufrage de Lapérouse. Personne n'ayant consenti à lui servir de guide à cause du climat pernicieux de l'île Mallicolo, à laquelle il donna, d'après la prononciation du pays, le nom d'île Vanikoro,

M. Dumont-d'Urville résolut de poursuivre sa recherche sans ce secours, et, le 21 février 1828, il vint mouiller entre les récifs situés à la partie orientale de Vanikoro. Des canots furent immédiatement expédiés dans toutes les directions pour visiter les côtes et observer le lieu où les bâtiments de l'expédition de Lapérouse avaient fait naufrage. M. Jacqueminot, embarqué en second sous les ordres de M. d'Urville, y fut conduit par un des naturels du pays; là il en vit les malheureux restes disséminés au fond des eaux transparentes : c'étaient des ancres, des canons, des boulets et une immense quantité de plaques de plomb. M. d'Urville, après avoir conduit l'*Astrolabe* dans un mouillage à l'abri de tous les vents, expédia la chaloupe pour visiter les récifs de Païou et de Vanou, où les deux bâtiments étaient supposés avoir trouvé leur perte, et pour tâcher de recueillir quelques débris qui pussent attester la réalité de la découverte. Une ancre de neuf cents kilos et un canon court en fonte, du calibre de huit, tout corrodés par la rouille, ainsi que deux pierriers en cuivre assez bien conservés, confirmèrent que les débris que l'on avait sous les yeux étaient bien ceux de l'expédition de Lapérouse. M. Dumont-d'Urville fit ériger et inaugurer un monument modeste, et tel que les moyens qu'il avait à sa disposition le comportaient, à la mémoire du célèbre et infortuné navigateur et de ses compagnons. Les renseignements obtenus par M. d'Urville firent juger que les bâtiments commandés par de Lapérouse auraient rencontré inopinément, dans une nuit et pendant un vent violent du sud-est, les récifs qui entourent l'île de Vanikoro, et s'y seraient brisés. L'un d'eux serait venu heurter un de ces récifs taillés à pic, et aurait coulé aussitôt. L'autre, plus heureux, serait entré dans une des coupures de ces récifs; mais, n'ayant pas trouvé assez d'eau, il aurait échoué et n'aurait point quitté la place : c'est celui dont les débris, aperçus au fond des eaux, attestaient le naufrage. Trente hommes du bâtiment coulé à fond auraient pu gagner la terre; les récits du capitaine Dillon tendent à faire croire qu'ils auraient été massacrés par les naturels. Quant à l'équipage de la frégate qui s'était échouée, M. d'Urville entendit dire qu'il aurait débarqué dans le district de Païou, lieu voisin du naufrage, et aurait construit, avec les débris qu'il aurait pu sauver, un petit bâtiment à l'aide duquel tous les Français se seraient mis en mer, après un séjour de sept lunes dans l'île, pour gagner quelques établissements européens des Moluques ou de la Nouvelle-Hollande. On ne peut malheureusement que trop prévoir le sort qui a été réservé à ces infortunés. Quelques récits assurent que deux hommes de l'épuipage restèrent dans l'île, mais qu'ils moururent en moins de deux années.

APPENDICE

Après avoir esquissé la biographie des marins les plus éminents que la France ait produits, il nous reste à réunir dans un même cadre les batailles, les beaux faits d'armes et les actions héroïques d'une foule d'officiers de tous grades auxquels nous n'avons pu consacrer des articles spéciaux.

1513

Nous commencerons par Prégent de Bridoulx, qui, à la première nouvelle que les Anglais menaçaient de nouveau les côtes de France, accourut du fond de la Méditerranée avec quatre galères, les seules forces dont il pût disposer. Il n'avait pas la folle prétention de livrer bataille à la flotte ennemie, commandée par le grand amiral Howard; mais il comptait sur la légèreté et la marche supérieure de ses galères pour inquiéter les Anglais, les harceler sans relâche, et paralyser toutes leurs opérations en les forçant à se tenir toujours sur la défensive. Ce plan de campagne, aussi audacieusement exécuté que sagement conçu, donna les plus heureux résultats.

Howard, ne pouvant détacher aucun navire du gros de son escadre, se trouvait dans une singulière position; malgré sa supériorité, il n'osait tenter aucun débarquement, et il voyait la saison s'avancer sans pouvoir utiliser l'immense armement qu'il dirigeait. Malheur à celle de ses nefs qui restait un seul moment en arrière, qui essayait une reconnaissance, ou partait chargée d'un message! elle ne tardait pas à rencontrer l'inévitable Prégent; or rencontrer Prégent, c'était rencontrer la mort ou la captivité.

Pour se débarrasser d'un rival si incommode, Howard se procura deux galères, sur lesquelles il fit passer l'élite de ses matelots et de ses officiers; puis, prenant lui-même le commandement de l'une, et confiant l'autre à lord Ferrers, il vint, appuyé par toutes les chaloupes de sa flotte, attaquer Prégent, retiré dans la petite baie du Conquet.

Prégent ne se fut pas plus tôt aperçu que l'amiral courait droit sur lui et semblait impatient de l'aborder, qu'il prend ses mesures en conséquence. Il ordonne à ses rameurs de modérer leur ardeur jusqu'au moment où un signal convenu d'avance leur indiquera qu'ils doivent, par un soudain et énergique effort, faire reculer la galère.

Cette manœuvre eut un succès complet : Howard ne se fut pas plus tôt élancé, à la tête de quelques gentilshommes déterminés, sur la galère française, que celle-ci, sous la brusque impulsion de ses rames, bondit en arrière, s'écarte et fuit, laissant ainsi les Anglais dans l'impossibilité de secourir l'amiral et ses compagnons, qui, isolés sur le bord ennemi, succombèrent après avoir chèrement vendu leur vie.

Alors, d'assailli Prégent devient assaillant, et aborde à son tour les Anglais, déconcertés par la mort de leur amiral et des braves qui l'ont suivi. Des deux galères l'une fut coulée, et si l'autre put s'échapper, c'est que Prégent aima mieux sillonner en tous sens la baie du Conquet, où il écrasa, soit sous sa proue, soit sous ses lourds avirons, les chaloupes qui fuyaient éperdues devant lui.

La même année, un capitaine breton, nommé Primoguet, donna pour la première fois le sublime exemple d'un commandant résolu à s'ensevelir dans les flots avec son navire plutôt que de l'abandonner. Jusqu'à Primoguet, les annales d'aucun peuple ne font mention d'un pareil dévouement. On pourrait en conclure que cet incroyable attachement du marin pour son bâtiment, que cette appréciation enthousiaste des devoirs de sa position sont des sentiments tout à fait modernes ; car, de nos jours, si un capitaine, dans des circonstances extrêmes, se décide à abandonner son vaisseau, ce n'est que lorsque sa perte est certaine, indubitable; et alors encore, pour sauver son honneur, il ne doit l'abandonner que le dernier.

Primoguet commandait la *Belle-Cordelière,* une de ces grandes caraques qui, par leurs formes et leurs dimensions, commençaient à se rapprocher de nos vaisseaux actuels. La *Belle-Cordelière,* construite aux frais de la reine de France Anne de Bretagne, était un des plus beaux bâtiments qui fussent encore sortis de nos chantiers; rien n'avait été épargné pour en faire un chef-d'œuvre naval.

Dans un combat contre les Anglais, où la flotte française, attaquée par des forces deux fois supérieures, essaya pendant plusieurs heures de suppléer au nombre par l'audace et l'habileté, Primoguet, après des prodiges de valeur, reçut à son bord un paquet d'artifices qui embrasa son vaisseau. L'incendie fit en quelques minutes de si épouvantables ravages que la *Belle-Cordelière* devint une fournaise ardente. Officiers, soldats et matelots se précipitèrent à la hâte dans les chaloupes, conjurant leur capitaine de les suivre; mais lui, après avoir dirigé leur retraite, ne voulut pas les accompagner, et leur déclara qu'il regardait sa vie comme liée à celle du navire que la reine lui avait confié.

A peine la dernière chaloupe avait-elle coupé le

câble qui la retenait à la *Belle-Cordelière,* que Primoguet voit passer sous le vent la *Régente*, portant le pavillon de l'amiral anglais. Aussitôt il dirige sur elle son navire, qui, brûlot improvisé, la couvre de torrents de feu et de fumée. Les Anglais, aveuglés et atteints par la flamme, cherchent en vain à ee dérober à cette terrible étreinte : le choc a été si violent que les mâts de la *Belle-Corlière* se sont affaissés sur la *Régente,* qui dès ce moment se trouve irrévocablement liée à son sort. Le feu ne tarda pas à gagner les poudres, et, par une circonstance bizarre, ce fut la *Régente* qui sauta la première ; en sorte que Primoguet eut la satisfaction suprême de ne pas mourir sans vengeance. Elle fut terrible ; car, de tous ceux qui se trouvaient à bord de la *Régente,* aucun n'échappa à son désastre.

1673

Pendant que Louis XIV attaquait les Hollandais par terre, sa flotte, sous les ordres du vice-amiral d'Estrées, partit de Brest pour le seconder par une puissante diversion, en tentant une descente au cœur des Provinces-Unies. L'Angleterre, à cette époque, faisait cause commune avec la France, et les deux plus puissantes nations de l'Europe avaient cru devoir réunir leur marine pour écraser une petite république.

Les flottes combinées de la France et de l'Angleterre se composaient de cent cinquante voiles; celle des Hollandais était un grand tiers plus faible; mais Ruyter la commandait, Ruyter le plus habile et le plus sage des amiraux, qui, bien au-dessus des séductions de l'ambition et de l'orgueil, n'estimait ses victoires que par les avantages qu'en recueillait sa patrie; Ruyter, qui tant de fois avait abandonné le champ de bataille, se souciant peu des honneurs de la victoire, si la retraite lui en assurait tous les profits.

A l'approche des flottes combinées, l'amiral hollandais s'était retiré sous l'île de Walcheren, près de l'embouchure de l'Escaut; car, dans la position critique où se trouvait son pays, il ne s'agissait pas de chercher de stériles triomphes, mais de s'opposer à toute tentative de débarquement, et surtout de ménager les derniers vaisseaux, les derniers défenseurs de la république.

D'Estrées et le prince Rupert, qui commandait l'escadre anglaise, trouvèrent donc la flotte des Provinces-Unies mouillée dans un ordre si admirable, au milieu des bancs de sable dont ces parages sont encombrés, qu'ils virent sur-le-champ l'impossibilité d'engager une action avant que Ruyter jugeât à propos de s'avancer vers eux. Pendant plusieurs jours ils détachèrent des bâtiments légers pour l'insulter; mais toutes ces bravades n'eurent aucun effet, et le prudent Hollandais attendit que l'état du ciel et de la mer lui offrît les moyens de profiter de toute sa supériorité comme manœuvrier et comme tacticien.

Le 7 juin, à la pointe du jour, Ruyter sortit enfin de ses retranchements, et offrit la bataille. Une noble émulation s'empara des Français et des Anglais, qui rivalisèrent de courage ; mais leur ardeur inconsidérée nuisit à l'ensemble de leurs évolutions. Tous voulaient combattre au premier rang et cherchaient avant tout l'occasion de se distinguer. Il s'ensuivit une mêlée et une confusion déplorables dont Ruyter eût tiré le plus grand parti, si le vieux levain d'animosité qui couvait dans les cœurs des alliés n'eût produit ce jour-là des actions héroïques. Il régnait à bord des vaisseaux français et anglais une telle exaltation, une telle soif de se surpasser, que braves et lâches firent également bien leur devoir.

Ruyter, qui dans son rapport écrivit qu'il n'avait pas eu affaire à des hommes, mais à des démons, vit souvent plusieurs de ses vaisseaux sur le point d'être abordés ; un moment même son ami, son lieutenant, le capitaine Kallenburg, le même qui devait un jour rapporter ses cendres dans sa patrie, fut accroché par le *Foudroyant.*

Déjà les Français s'étaient précipités sur son vaisseau à travers une forêt de piques et une grêle de balles, rien ne semblait pouvoir arrêter ce torrent impétueux ; déjà le premier lieutenant du *Foudroyant*, Lery, avait saisi corps à corps le capitaine Kallenburg, quand Ruyter, passant avec

7*

les *Provinces-Unies* à une portée de pistolet du *Foudroyant,* y verse tant de fer et de plomb que les Français, pour faire face à ce nouvel orage, sont obligés de lâcher leur proie et de défendre leur propre navire.

Pendant toute la bataille, qui se prolongea jusqu'à neuf heures du soir, Ruyter ne cessa pas de tendre une main secourable à ceux de ses vaisseaux qui étaient trop vivement pressés.

Quand les ombres de la nuit devinrent trop épaisses, les deux flottes ennemies se séparèrent lentement et comme à regret. Ruyter rentra avec tous ses vaisseaux dans sa position, au milieu des îlots et des bancs de sable, satisfait d'avoir mis d'Estrées dans l'impossibilité d'agir avant de s'être complètement réparé.

Huit jours après, les flottes alliées vinrent de nouveau provoquer les Hollandais; mais cette fois leur amiral prit si bien ses précautions qu'il fut impossible de rompre ses lignes, et le combat se borna à une longue canonnade et à une suite d'évolutions dans lesquelles Ruyter conserva une supériorité que Duquesne seul devait lui contester dans la suite.

D'Estrées, qui comprit enfin que, tant que Ruyter conserverait sa flotte, il ne fallait pas songer à un débarquement, voulut, après s'être réparé, tenter un dernier effort. Il se flattait toujours que, grâce à l'incontestable supériorité numérique des escadres combinées, Ruyter finirait par éprouver un échec; mais il était aussi difficile de forcer le vieil amiral à se battre malgré lui que de le vaincre.

D'Estrées ne savait plus à quel moyen recourir pour tirer Ruyter de sa retraite, quand une circonstance inattendue mit l'amiral hollandais dans la nécessité de prendre lui-même l'offensive. Un riche convoi des Indes orientales parut inopinément, et les états de Hollande ordonnèrent à Ruyter de tout tenter pour le sauver; or ce n'était qu'en allant au-devant de lui et en occupant l'escadre alliée que ce convoi pouvait se réfugier dans le Zuyderzée, dont le canal du Texel est la seule entrée praticable pour les gros vaisseaux.

Ruyter se porta donc avec toutes ses forces dans ces parages, où les alliés l'avaient précédé et croisaient en attendant le convoi. D'Estrées et le prince Rupert essayèrent en vain de placer l'amiral entre deux feux : chaque fois qu'après avoir étendu les ailes de leurs escadres, ils se rapprochaient pour envelopper Ruyter, celui-ci, par une prompte évolution, forçait une des lignes ennemies et se dégageait.

Mais, en exécutant cette manœuvre, le vaisseau d'un de ses lieutenants se trouva tout à coup compromis. D'Estrées était parvenu à le couper, en sorte qu'en quelques instants Bankœrt se vit complètement enveloppé; mais Ruyter n'eut pas plus tôt vu le danger de ce capitaine, qu'il lança sur d'Estrées deux brûlots enflammés, et tandis que d'Estrées donnait toute son attention à s'en préserver, Bankœrt profita de son embarras pour s'échapper.

D'Estrées, qui était heureusement parvenu à couler les deux brûlots, voulut rendre la pareille à Bankœrt : par ses ordres, un officier déterminé, nommé Guillotin, monte avec vingt-cinq hommes aussi résolus que lui sur un vieux bâtiment transformé en brûlot, et, sans s'inquiéter des épouvantables bordées qu'il essuie de toutes parts, laisse arriver droit sur le vaisseau de Bankœrt. C'était quelque chose de terrible et de funèbre que ce bâtiment qui, comme poussé par une main invisible (tout son équipage était à plat ventre sur le pont), et recélant dans ses flancs la mort et l'incendie, s'avançait insensible et silencieux.

Guillotin manœuvra avec tant de précision que le beaupré de son brûlot s'engagea fort avant dans les agrès du *Devanter*, que montait Bankœrt; alors, prompt comme la pensée, il met le feu à la mèche qui communique aux artifices, descend dans la chaloupe avec ses hommes et s'éloigne.

Mais, par une fatalité inconcevable, la mèche s'éteint. Guillotin, déjà à l'abri du danger, s'en aperçoit, et, dans un transport de rage et de désespoir, ordonne à ses rameurs de se diriger de nouveau vers le brûlot. Ce qu'il y a de plus étonnant, c'est qu'il fut obéi ; les deux escadres virent une misérable chaloupe braver impunément les bordées et la mousqueterie de vingt vaisseaux et accoster le brûlot, où Guillotin mit une seconde fois le feu.

Mais il était trop tard, Bankœrt avait profité du répit que la machine incendiaire lui avait laissé pour se dégager, et, quand elle éclata, elle fit plus de bruit que de ravage.

Cet épisode fut le dernier de ce combat. La plus grande partie du convoi s'était pendant l'action mise en sûreté dans le Zuyderzée, et Ruyter, satisfait de cet important résultat, se retira en bon ordre, laissant sur le champ de bataille la flotte anglo-française horriblement maltraitée, et incapable de tenter aucune entreprise sérieuse contre la Hollande.

1712-1713

Nous devons à nos lecteurs le récit de l'expédition du capitaine Cassard de Nantes, qui, avec une division de quelques vaisseaux armés, équipés et entretenus aux frais d'une compagnie d'armateurs, alla venger les désastres de la France sur les colonies de l'Angleterre, de la Hollande et du Portugal.

Cassard appareilla de Toulon vers le commencement de 1712 avec trois vaisseaux, cinq frégates et deux quaiches[1]. Il avait sous ses ordres l'élite de la noblesse française, qui, toujours avide de gloire et de périls, ne dédaignait pas les arme-

1 Les bricks ont remplacé ces sortes de navires.

ments particuliers lorsqu'un chef habile et renommé les dirigeait.

Pour charmer les ennuis de la traversée, Cassard, qu'une tempête avait rapproché des îles du Cap-Vert, proposa à ses officiers un coup de main sur Santiago, dont la capitale, Ribera-Grande, devait par ses richesses les dédommager amplement de la peine qu'ils se donneraient pour s'en emparer.

L'attaque fut si brusque et si soudaine que, frappés de stupeur, gouverneur, soldats et habitants ne songèrent pas même à se défendre, et demandèrent à capituler. Cassard y consentit; mais pendant qu'il fixait avec une députation des principaux habitants la rançon de la ville, les Portugais, revenus de leur frayeur et honteux de se laisser dépouiller par une poignée d'aventuriers, firent dire aux députés qu'ils eussent à rompre la conférence.

Ce manque de loyauté jeta le commandant français dans une fureur inexprimable. Dès ce moment il ne voulut plus rien entendre : Ribera-Grande fut pillée d'abord et brûlée ensuite. Des îles du Cap-Vert Cassard se rendit à la Martinique, où il renouvela ses vivres et ses munitions. Les flibustiers de Saint-Domingue, qui connaissaient Cassard de longue date et avaient été témoins de ses prouesses devant Carthagène, lui demandèrent l'autorisation de l'accompagner dans les expéditions qu'il méditait, et renforcèrent sa flottille de quelques bâtiments légers.

Le commandant français, secondé par ces hommes déterminés, débuta par l'attaque de l'île de Monserrat, qui venait de passer récemment sous la domination anglaise. Il ne rencontra pas plus de résistance que devant Ribera-Grande. La conquête d'Antigoa ne lui coûta pas davantage, tant était grande la terreur de son nom. Enhardi par ces succès, Cassard voulut, par la prise de la capitale de la Guyane hollandaise, de Surinam, balancer la gloire dont Duguay-Trouin s'était couvert à Rio-de-Janeiro.

Le 10 octobre 1712, la flottille vint mouiller à l'embouchure du Surinam. Cassard espérait surprendre les Hollandais; mais il les trouva sur leurs gardes et prêts à une vigoureuse résistance. C'est alors que Cassard prouva qu'à ses talents comme marin il joignait ceux d'un ingénieur consommé.

La ville de Surinam, assise sur les bords d'un fleuve dont tous les points de débarquement étaient défendus par des batteries formidables, possédait elle-même des fortifications régulières; mais ces fortifications ne couvraient que la partie de la ville qui regardait le fleuve, les Hollandais ayant pensé que de l'autre côté elle était suffisamment protégée par une immense étendue de forêts marécageuses et réputées impénétrables. Cassard résolut de mettre à profit l'imprudente sécurité des Hollandais, et pendant que ses vaisseaux occupaient les forts de la rive, il jeta dans les bois une compagnie de cent hommes, qui, la hache à la main, et se servant des arbres abattus pour former une espèce de chaussée, parvinrent à s'ouvrir, après des efforts inouïs, un chemin vers Surinam. Une fois la route frayée, Cassard, à qui rien ne semblait impossible, envoya un second détachement avec une batterie de mortiers et de gros canons. Vingt fois ces énormes masses de fer disparurent presque entièrement dans la boue ; mais rien ne rebuta les Français guidés par Cassard, et bientôt Surinam, que foudroyaient à la fois l'artillerie des vaisseaux et une batterie de mortiers, se vit dans la cruelle alternative de se rendre ou de s'ensevelir sous ses ruines.

Le gouverneur hollandais était inébranlable dans la résolution de se défendre jusqu'au bout ; mais les habitants, lui ayant déclaré leur intention formelle de mettre bas les armes et de traiter avec Cassard, firent, sur son refus, sortir par une des portes que gardait une compagnie bourgeoise un parlementaire, qui se présenta au camp de Cassard et lui offrit la moitié des revenus de la colonie pendant un an, s'il voulait s'éloigner. Cette proposition, qui mettait à la disposition du vainqueur une somme de plus de deux millions quatre cent mille livres, fut accueillie, et la rançon payée partie en argent, partie en sucre et *en nègres.*

Pour la troisième fois, Cassard revint à la Martinique avec ses vaisseaux tellement encombrés de dépouilles, que la richesse et la prospérité de cette colonie s'en accrurent presque subitement.

Mais il semblait que Cassard se fût promis de mettre successivement à contribution toutes les possessions hollandaises répandues dans les mers de l'Amérique. A peine avait-il réparé et ravitaillé ses vaisseaux, qu'il cinglait vers Saint-Eustache et Curaçao. Saint-Eustache, trop faible pour se défendre, se racheta ; mais Curaçao, fière d'avoir repoussé le vice-amiral d'Estrées en 1678, rejeta avec hauteur les sommations qui lui furent faites.

Cassard avait opéré sa descente dans la baie de Sainte-Croix, à vingt kilomètres de la capitale de l'île. Il est probable que, si les Hollandais se fussent renfermés dans leur ville et n'eussent pas tenté d'en défendre les approches, Cassard eût éprouvé de sérieuses difficultés à emporter une place bien fortifiée et défendue par une nombreuse garnison ; mais le gouverneur de l'île voulut marcher au-devant des Français. Ceux-ci le chargèrent avec une telle impétuosité que, malgré les difficultés du terrain, ils enfoncèrent ses troupes, qui se replièrent en désordre vers un camp retranché, assis sur la route même de la baie de Sainte-Croix à la ville de Curaçao.

Cassard, sans donner aux Hollandais le temps de se reconnaître, fait attaquer leur camp ; il y entrait un des premiers, quand une balle l'atteint au pied et le renverse. En le voyant tomber, les Hollandais reprennent courage et repoussent à leur tour les Français. Cassard était perdu sans le sang-froid d'un de ses lieutenants, le chevalier d'Espinay, qui, à la tête d'une vingtaine de flibustiers, se précipite au milieu des ennemis, et par son exemple ramène à la charge tous les assaillants.

Alors ce ne fut plus un combat, mais une épouvantable boucherie : les Hollandais se faisaient tuer plutôt que de reculer, et il n'y en eut qu'un très petit nombre qui regagnèrent la ville, où ils portèrent la consternation et l'effroi.

Privés des plus braves de leurs défenseurs, les habitants, pour éviter les dégâts d'un bombardement inévitable, rachetèrent leur ville moyennant 600,000 livres, qui furent immédiatement comptées.

La blessure de Cassard, sans être dangereuse, le forçait à un repos absolu. Pendant qu'il guérissait, l'arrivée d'une escadre de la marine royale l'engagea à retourner en France. Après un court séjour à la Martinique, il appareilla pour Toulon, où il arriva, non sans avoir, chemin faisant, dispersé une flotte anglaise et pris deux vaisseaux de guerre.

Cassard s'attendait, en rentrant dans sa patrie, à une récompense digne des services qu'il avait rendus, digne de ses exploits. Le grade de capitaine de vaisseau et la croix de Saint-Louis furent tout ce qu'il obtint... Ce déni de justice exaspéra son caractère, naturellement sombre et taciturne; il se retira du service et mourut oublié.

1746

La France, si féconde en grands capitaines, en habiles administrateurs, a produit peu d'hommes doués de qualités aussi éminentes que Mahé de la Bourdonnais, et l'on ne sait vraiment ce qu'on doit le plus admirer, ou de l'universalité de ses connaissances, ou du parti qu'il en savait tirer.

Il entra fort jeune dans la marine, puisqu'à dix ans il était déjà allé aux Indes orientales.

A quatorze ans il y retourna. Pendant cette traversée, un savant jésuite fut tellement frappé de l'intelligence et des dispositions du jeune la Bourdonnais qu'il lui proposa de lui donner des leçons de mathématiques.

L'élève en profita si bien et travailla avec une telle opiniâtreté que le père jésuite lui dit en débarquant : « Mon petit ami, il était temps pour moi que nous arrivassions; car nous allions être obligés de changer de rôles. Un mois de plus, et de maître je devenais disciple. »

A dix-huit ans, la Bourdonnais fit un traité sur la mâture des vaisseaux, qui, malgré les progrès de l'art nautique, peut encore être consulté avec fruit.

Nommé gouverneur de l'île de France et de l'île Bourbon, ces deux colonies prirent, sous son administration, une importance qu'elles étaient loin d'avoir eue jusque-là.

En quelques années, la Bourdonnais en changea complètement la face. On le vit tour à tour législateur, établir des lois et des règlements d'une grande sagesse; ingénieur, créer des ports et des fortifications; architecte, donner les plans d'une foule d'édifices publics et de fabriques; agriculteur, enseigner aux colons la culture de la canne à sucre et du manioc, qu'ils ne connaissaient pas; enfin manufacturier, diriger l'exploitation des premières sucreries, des premières indigoteries, des premières fabriques de coton, après les avoir montées lui-même.

Sans parler des ponts, des routes, des quais, des viaducs que la Bourdonnais acheva avec une rapidité incroyable, ce fut encore lui qui, à l'île de France, organisa un vaste chantier de constructions navales, en sorte que l'on vit tout à coup une colonie qui passait avec raison pour ne pas savoir réparer ses chaloupes de pêche [1], construire et équiper avec ses propres ressources de grands navires de guerre et de commerce.

Pour exécuter tant et de si grandes choses, quels furent les secours que la Bourdonnais reçut

1 Cette assertion est d'une rigoureuse exactitude. Les habitants de l'île de France et de l'île Bourbon tiraient toutes leurs embarcations de l'Europe et de l'Inde, et, pour les faire raccommoder, profitaient du passage des vaisseaux de guerre, dont ils empruntaient les charpentiers.

de la métropole? Cela nous coûte à dire : non seulement on lui refusa tout, mais il eut encore à lutter contre les intrigues et contre un mauvais vouloir qui semblait s'accroître à mesure que le gouverneur déployait plus de génie et plus d'activité.

Nous ne citerons qu'un seul trait de la vie de Mahé de la Bourdonnais, et ce trait seul peindra l'homme tout entier.

Une frégate venait de lui apporter la nouvelle de la rupture de la paix entre l'Angleterre et la France. N'ayant à sa disposition qu'un vaisseau de guerre et quelques bâtiments marchands, Mahé sentait le besoin d'une flotte pour résister à celle de l'Angleterre, et cette flotte, il résolut de la créer. Il commence par former des équipages avec tous les hommes de bonne volonté qui se présentent, colons, nègres et Indiens; transforme en navires de guerre tous les bâtiments marchands qu'il peut se procurer, les arme avec les canons des forts, et va chercher à Madagascar les vivres dont il manque.

Une violente tempête le surprend dans cette traversée et désempare ses bâtiments, dont quelques-uns échouent sur la petite île Marosse.

Sans se laisser décourager par ce premier échec, il débarque, établit un quai, des forges, une corderie. Pour alimenter ses forges, il prend le lest en fer de ses vaisseaux; les vieux câbles qu'il fait détordre lui fournissent les cordages dont il manque également. L'île possède une forêt avec des arbres magnifiques; mais des fondrières et des marais la séparent du rivage : il construit une chaussée, et de cette façon rend possible le transport des troncs et des madriers. Enfin quarante-neuf jours lui suffisent pour réparer la coque endommagée de ses navires, remplacer leurs mâts, leurs vergues et une partie de leurs cordages, et pour quitter Marosse avec neuf bâtiments en état de chercher l'ennemi.

Ils le rencontrèrent, en effet, et la Bourdonnais, avec sa flotte improvisée, eut l'audace d'attaquer neuf vaisseaux anglais dans les parages de Negapatnam, et la gloire de les battre.

Eh bien, cet homme qui de deux îles perdues dans l'océan Indien, de l'île de France et de l'île Bourbon, avait fait deux colonies florissantes, qui avait su les défendre après les avoir créées, qui assiégea et prit Madras, qui rendit la France maîtresse dans la mer des Indes, fut indignement attaqué par la compagnie des Indes, et quand il revint en toute hâte à Paris pour se justifier, sans vouloir l'entendre on le jeta en prison, où il languit trois ans. Là, privé de papier, de plumes et d'encre, il trouva moyen d'écrire un mémorial justificatif[1], d'éclairer la justice, qui, par un jugement solennel, le releva de toutes les poursuites intentées

[1] Des mouchoirs blancs empesés avec de l'eau de riz lui servirent de papier, un morceau de cuivre, de plume, et du marc de café mêlé de suie, d'encre. Sur un de ces mouchoirs il traça de mémoire une carte d'une exactitude étonnante.

contre lui, déclara colomnieuses les accusations dont il avait été l'objet et proclama son entière innocence.

Mais trois ans de détention avaient brisé les forces physiques de la Bourdonnais. Ce qu'il avait souffert en prison, lui accoutumé au grand air de l'Océan, dut être bien intolérable, puisqu'il mourut le lendemain de son élargissement.

1782

Le combat naval du 12 avril 1782 a trop fortement occupé l'attention publique pour que nous n'en disions pas quelques mots. Nous nous efforcerons de présenter sous leur véritable jour les causes du funeste échec qu'éprouva notre marine, et surtout de ne nous rendre les échos ni des éloges ni des reproches exagérés qui furent prodigués à l'amiral chargé du commandement de notre escadre.

Le comte de Grasse, que poursuivirent pendant si longtemps les plus amères récriminations, n'était pas un marin sans mérite; s'il n'approchait pas de Duquesne, de Tourville, de Duguay-Trouin; si, comme amiral, il était au-dessous de sa position, il eût fait un bon capitaine, et même un bon chef de division. Mais pour son malheur il devint amiral, se trouva à la tête de toutes les forces du pays, et eut pour rival le trop célèbre Rodney, qui possédait justement au plus haut degré la plupart des qualités qui manquaient à de Grasse.

De Grasse, sorti de Brest avec trente-trois vaisseaux, avait reçu l'ordre d'opérer sa jonction dans les mers des Antilles avec une flotte espagnole.

Rodney l'y attendait, et après quelque temps passé en manœuvres dans lesquelles le commandant anglais déploya une incontestable supériorité, le comte de Grasse, chez lequel dominaient la témérité, l'imprévoyance, une confiance exagérée en ses talents, livra, presque sans le vouloir, la désastreuse bataille du 12 avril.

Ce jour-là, vers midi, le comte de Grasse avait mis entre lui et Rodney un assez grand intervalle pour espérer de pouvoir opérer sans encombre sa jonction avec les Espagnols, quand tout à coup il aperçoit un de ses vaisseaux sur le point de tomber entre les mains des Anglais, parce que des avaries reçues pendant la nuit précédente l'empêchaient de conserver son rang et même de suivre le gros de la flotte.

L'amiral, au lieu de sacrifier au besoin ce malheureux vaisseau et de continuer sa route, prit, contre l'avis de tous ses capitaines, la funeste résolution de le dégager, au risque de compromettre le salut de sa flotte.

Il vire donc de bord et force par des signaux multipliés ses lieutenants à le suivre. Cette manœuvre dégagea, en effet, le vaisseau compromis[1];

[1] On a imprimé que ce vaisseau, *le Zélé*, portait un trésor

mais elle fit perdre à de Grasse l'avance qu'il avait prise sur Rodney; et celui-ci, laissant à son imprudent rival le plaisir d'un succès insignifiant, continue sa route en bon ordre, dépasse l'escadre française et met son amiral dans la cruelle nécessité d'accepter le combat dans la plus mauvaise des positions, entre la Dominique et les Saintes.

L'escadre anglaise, d'un tiers plus forte que l'escadre française, manœuvra avec tant d'ensemble et de précision que l'issue de la bataille ne fut pas un seul instant douteuse. Toutefois elle fournit à nos braves officiers une nouvelle occasion de prouver qu'il ne leur manquait qu'un chef digne d'eux. Mais leur courage héroïque ne put que reculer de quelques heures le triomphe des Anglais; car, si dans un combat de vaisseau à vaisseau, la valeur, le sang-froid, l'enthousiasme, peuvent suppléer parfois à la science, dans une action où des flottes entières s'avancent l'une contre l'autre, la victoire revient toujours de droit au plus habile des deux amiraux, à celui qui, par la précision de ses manœuvres et la supériorité de ses combinaisons stratégiques, doublera la puissance de chacun de ses vaisseaux.

Jamais cette vérité ne se manifesta aussi clairement qu'en ce jour si funeste aux armes de la France. Officiers et matelots rivalisèrent pour la

appartenant à l'amiral de Grasse, et que ce fut là le véritable motif de ses efforts pour le sauver. Tout prouve que cette imputation est une infâme calomnie.

plupart de courage et de dévouement ; et si quelques-uns des bâtiments sous les ordres du comte de Grasse se rendirent aux Anglais avant d'avoir épuisé leurs moyens de résistance, tous les autres semblèrent prendre à tâche de couvrir par des efforts désespérés l'impéritie de l'amiral.

Quant à lui, si l'on peut justement accuser son ignorance et sa présomption, on doit à la vérité d'avouer que, sur le vaisseau *la Ville-de-Paris*, il vendit chèrement la gloire de sa capture.

Entourée de toutes parts, harcelée par huit vaisseaux acharnés à sa perte, la *Ville-de-Paris* prolongea pendant plus de dix heures une résistance désespérée. Quand elle amena son pavillon, ses munitions étaient totalement épuisées, sa mâture hachée en morceaux, et son équipage réduit à quelques hommes valides. Par une fatalité inconcevable, de Grasse, quoiqu'il ne se fût pas plus ménagé qu'eux, avait survécu à tous ses officiers, n'avait pas même été blessé, et dut remettre lui-même au vainqueur son épée et sa personne.

Depuis la création des amiraux de France, de Grasse fut le premier qui subit une pareille humiliation ; et notre marine, tout en reconnaissant en principe qu'un amiral n'est pas plus forcé de s'ensevelir avec son vaisseau qu'un gouverneur n'est obligé de s'enterrer sous les murs de sa citadelle, pardonnera difficilement au comte de Grasse d'avoir survécu à son désastre. Ce qui exaspéra surtout les esprits contre l'amiral, c'est qu'il voulut rejeter sur plusieurs de ses capitaines la responsabilité de ses revers. Il les accusa de n'avoir pas exécuté ses ordres, tandis qu'à l'exception du vaisseau *l'Ardent,* dont le commandant se rendit honteusement, les cinq vaisseaux qui furent pris par les Anglais, le *Glorieux,* le *Pluton,* le *César* et l'*Hector,* ne tombèrent entre leurs mains que parce qu'ils s'épuisèrent à arracher la *Ville-de-Paris* au triste sort auquel elle semblait vouée.

Dans cette bataille trois mille de nos matelots et six capitaines payèrent de leur vie les fautes de l'amiral. Cinq vaisseaux, y compris la *Ville-de-Paris,* restèrent entre les mains des Anglais; mais dans ce nombre trois seulement portèrent le pavillon britannique, car le *Glorieux* et la *Ville-de-Paris* coulèrent en pleine mer, malgré tout ce que put faire Rodney pour conserver ces précieux monuments de son triomphe.

Bougainville, qui avec l'*Auguste* était parvenu à couvrir deux vaisseaux de son feu et à les arracher à une perte certaine, ramena à Saint-Eustache une partie des vaisseaux de la flotte française, et le marquis de Vaudreuil conduisit l'autre à Saint-Domingue.

De Grasse reçut en Angleterre des ovations auxquelles il n'eut pas le bon esprit de se soustraire; il ne sentit pas que les Anglais ne l'appelaient *le valeureux Français* que pour rehausser le mérite de leur propre amiral. Aussi, pendant qu'il écoutait, du haut du balcon de son hôtel, les acclamations d'une populace « insolemment flatteuse[1] », les femmes en France changeaient leur croix d'or à la Jeannette (petite croix en or surmontée d'un cœur) en croix *à la Grasse*, c'est-à-dire sans cœur.

1783

En janvier 1783, le capitaine Kergariou-Locmaria convoyait une flottille de bâtiments marchands; il montait une frégate de trente-deux canons, *la Sibylle*, et avait avec lui une petite corvette de vingt canons.

Déjà il approchait du terme de son voyage, Charles-Town, quand il aperçut deux bâtiments qui semblaient lui donner la chasse.

Quoique un temps gris et brumeux empêchât Locmaria de distinguer bien nettement la force des ennemis auxquels il allait avoir affaire, il diminua ses voiles et les attendit. Le malheur voulut que, bien loin de s'éclaircir, le temps se noircît davantage, en sorte que ce ne fut qu'à portée de canon qu'il put reconnaître dans ses chasseurs un vaisseau et une frégate.

La partie étant trop inégale pour pouvoir être tentée[2], Locmaria se hâta de donner aux bâti-

1 L. Guérin, *Histoire maritime*.

2 L'épaisseur de la coque d'un navire est toujours proportionnée à sa grandeur; il s'ensuit que les navires d'un rang inférieur ne peuvent, quel que soit leur nombre, lutter sans

ments du convoi le signal de prendre la fuite sous leur meilleure allure, et se couvrit lui-même de voiles pour s'éloigner.

Sa manœuvre avait été si prompte que déjà il faisait bonne route, lorsqu'il vit sa corvette tombée sous le canon de la frégate anglaise et gravement compromise.

Kergariou-Locmaria ne put se résoudre à continuer sa marche sans tenter un vigoureux effort pour la dégager. Virant donc une seconde fois de bord, il vint bravement se placer entre elle et la frégate anglaise, *la Magicienne*. Ce retour offensif donna à la corvette le temps de s'élever au vent, et, pendant que la *Sibylle* la couvrait de son feu et de ses flancs, elle prit une avance considérable.

Locmaria prolongea cette première lutte jusqu'à ce qu'il s'aperçût que le vaisseau s'appro-

un désavantage énorme contre un vaisseau à trois ponts, dont les murailles de la batterie basse sont presque impénétrables aux boulets. Le capitaine d'une frégate ou d'une corvette peut, non seulement sans honte, fuir un vaisseau, mais les règlements de la marine lui en font un devoir. On a vu cependant quelques exemples de grosses frégates s'emparant d'un vaisseau de ligne; mais ces cas sont excessivement rares : il faut un concours de circonstances toutes favorables à la frégate, et encore n'est-ce jamais qu'un abordage qui puisse terminer la lutte à son avantage.

Dans une bataille navale, les frégates n'entrent point en ligne, et ne combattent que sur les ailes, *en tirailleurs*.

Il est très difficile de se faire une idée de la puissance d'un vaisseau à trois ponts. Malheur au brick, à la goélette qui passent à la portée de ses batteries! d'une seule bordée il peut les mettre en pièces et les couler.

chait. Alors il plia à son tour et ne combattit plus qu'en fuyant.

Mais la *Magicienne*, ardente à la poursuite, et beaucoup meilleure voilière que le vaisseau, ne tarda pas à le laisser de nouveau en arrière. La *Sibylle*, feignant de ne pas s'en apercevoir, courut encore pendant une heure dans le même sens, n'allant que juste assez vite pour entraîner la frégate sans la décourager.

Mais quand Locmaria jugea que le vaisseau, dérouté par la brume, ne devait plus savoir ce qu'il était devenu, présentant brusquement son travers à la *Magicienne*, il l'attaqua à son tour avec une telle furie qu'il sembla vouloir se dédommager d'avoir fui si longtemps devant elle.

Pendant trois heures, les deux frégates se canonnèrent presque bord à bord. Déjà les boulets de la *Sibylle* avaient coupé le mât d'artimon de la *Magicienne*, quand une volée de mitraille renversa le capitaine Kergariou-Locmaria sur son pont. Loin d'être abattus par la perte d'un officier tendrement aimé, les Français semblèrent redoubler de rage, et, guidés par le premier lieutenant, Morel d'Escures, ils continuèrent le combat et achevèrent de démâter la frégate anglaise, dont la perte était inévitable, quand le malencontreux vaisseau arriva pour la seconde fois à son secours, et força la *Sibylle* à abandonner une proie assurée.

Le vaisseau, obligé de prendre la *Magicienne* à la remorque, ne put songer à poursuivre la *Sibylle*, dont le brave capitaine, laissé pour mort, ne tarda par à revenir à lui, et à reprendre même, tout blessé qu'il était, le commandement de sa frégate, qui, à peine réparée et encore sillonnée par les ravages de l'artillerie, n'échappa à la fureur des hommes que pour éprouver celle des éléments. Accueillie par une horrible tempête, ses mâts, qu'avaient épargnés les boulets ennemis, tombèrent sous l'effort de l'ouragan, et ce fut dans cet état qu'elle dériva au milieu de six bâtiments anglais. Locmaria voulut profiter du déplorable aspect de sa frégate pour essayer de donner le change aux ennemis; il hissa donc le pavillon britannique au-dessus du sien, afin de se faire considérer comme une prise. Son stratagème eut d'abord un plein succès; les Anglais passaient en le saluant, quand une frégate plus méfiante ou simplement plus curieuse que le reste de la division vint à passer à une portée de pistolet de l'arrière de la *Sibylle*, et, reconnaissant la ruse à l'absence des uniformes anglais, lui envoya sur-le-champ toute sa bordée.

Aussitôt Locmaria assura son pavillon et accepta ce dernier combat. Quoique la frégate fût à moitié désemparée, pendant deux heures entières il se défendit avec une telle vigueur, qu'il fallut qu'un vaisseau de la division anglaise vînt prendre part à la lutte pour décider la victoire, et, malgré ce nouvel assaillant, le capitaine Kergariou-Locmaria ne voulut amener son pavillon que lorsqu'il eut brûlé toute sa poudre et envoyé son dernier boulet au vainqueur. Sa résistance fut d'autant plus méritoire, d'autant plus inexplicable, que dès le commencement de l'action il avait dû jeter à la mer la moitié de son artillerie pour alléger la *Sibylle*, qui s'enfonçait. Aussi la défaite du commandant de la *Sibylle* fut-elle plus enviée que nombre de victoires.

LE VICE-AMIRAL GANTEAUME

Nous avons pensé qu'il était naturel de terminer la série de ces portraits par une esquisse biographique du vice-amiral Ganteaume, parce qu'en suivant cet officier dans sa longue carrière, nous donnerons à nos lecteurs une idée générale du rôle qu'a joué notre marine dans les guerres de la république et de l'empire.

Le comte Honoré Ganteaume fit ses premières armes sous le commandement de d'Estaing, et accompagna ce vice-amiral dans sa campagne d'Amérique. Depuis cette époque, il se trouva, jusqu'en 1818, mêlé à tous les événements importants dont l'Océan fut le théâtre; avec le bailli de Suffren, il battit les Anglais dans l'Inde, et gagna par ses talents et son courage l'estime et l'affection d'un des marins les plus célèbres qu'ait produits la France.

En 1792 il pénétra avec un seul vaisseau jusqu'au fond de la mer Rouge, et y protégea efficacement le commerce de la compagnie des Indes. Il revenait après avoir obtenu satisfaction des insultes et des avanies que les Arabes et les Abyssiniens s'étaient permises dans ces parages éloignés envers plusieurs de nos bâtiments marchands, quand il tomba au milieu d'une escadre anglaise qui le fit prisonnier.

Nommé chef de division en 1795, il croisa longtemps dans l'Archipel, et débloqua une division française que les Anglais retenaient dans le port de Smyrne. Il revint ensuite à Toulon, ramenant prisonnière la corvette anglaise *la Némésis*.

Il fit partie de l'expédition d'Égypte avec le titre de chef d'état-major de l'escadre, et se couvrit de gloire à la fatale bataille d'Aboukir, bataille trop importante pour que nous ne nous y arrêtions pas un instant.

L'amiral Brueys, après avoir conduit en Égypte l'armée expéditionnaire commandée par Bonaparte, reçut l'ordre de se retirer à Alexandrie ou à Corfou.

Corfou offrait à notre escadre une position excellente; mais Brueys n'osa pas s'éloigner de l'armée avant de connaître les premiers résultats de ses opérations; et d'un autre côté il s'assura que les passes d'Alexandrie n'offraient pas à tous ses vaisseaux une profondeur suffisante.

Il resta donc dans la rade d'Aboukir et embossa

ses vaisseaux à une grande portée de canon du rivage, parallèlement à la courbe qu'il décrivait en cet endroit. Mais, au lieu d'appuyer l'extrémité de sa ligne sur la terre même, de manière à mettre les Anglais dans l'impossibilité de passer entre la flotte et la terre, il laissa libre l'étroit canal qui sépare l'îlot d'Aboukir du rivage, dans la persuasion que jamais l'ennemi n'oserait s'engager dans une passe si étroite et bordée de récifs.

Ce fut cette fatale sécurité qui causa la ruine de notre flotte. Ce que Brueys regardait comme impossible, l'amiral anglais, l'audacieux Nelson l'exécuta.

Il n'eut pas plus tôt pris connaissance de la position de l'escadre de Brueys, qu'il résolut de l'envelopper en faisant passer la moitié de ses vaisseaux entre les vaisseaux français et la terre. Mais pour exécuter cette manœuvre, il fallait absolument qu'il franchît le canal de l'îlot d'Aboukir, canal resserré, tortueux et semé de dangers de toute espèce.

Le premier vaisseau anglais qui s'y engagea se jeta sur les rochers. Nelson, sans se laisser surprendre ni intimider par ce fâcheux début, persista dans son dessein, et ordonna aux vaisseaux désignés de continuer leur périlleuse évolution.

Brueys vit donc avec un étonnement mêlé d'admiration une partie de la flotte anglaise s'embosser à son tour entre la terre et lui.

La bataille s'engagea sur-le-champ; Brueys voulut, par des prodiges de valeur, se faire pardonner sa faute, et ses capitaines, qui tous, à l'exception de Dupetit-Thouars, avaient opiné comme lui, s'efforcèrent de suppléer à l'habileté de leur chef. Ganteaume et Dupetit-Thouars furent sur la flotte française les héros de la journée.

Mais bientôt l'incendie et l'explosion du vaisseau amiral, lançant dans les airs ses défenseurs mutilés, acheva la défaite des vaisseaux français, dont la moitié environ s'échappa à la faveur de l'obscurité, et surtout grâce au dévouement héroïque de Dupetit-Thouars, qui par sa résistance occupa trop chaudement les Anglais pour qu'ils pussent songer à poursuivre les débris de notre flotte [1].

1 Voici comment un journal, dans un excellent article sur Dupetit-Thouars (oncle de l'officier de ce nom qui commandait à Taïti), raconte les derniers instants de cet intrépide marin :

« ... Dupetit-Thouars avait su faire en peu de temps les préparatifs nécessaires pour le combat qui s'approchait. La discipline sévère qu'il avait établie à son bord avait abrégé ces préliminaires. Du reste, comme nous l'avons dit, son vaisseau fut le dernier engagé; le silence et le calme qui y régnaient contrastaient avec le tumulte qu'on remarquait sur les autres vaisseaux. Pour Dupetit-Thouars, il monta sur son banc de quart; sa figure respirait l'ardeur des combats, ses yeux lançaient des éclairs : on eût dit qu'il regrettait que sa position dans la ligne ne lui permît pas de prendre le premier sa part de la glorieuse lutte qui commençait.

« Enfin le *Majestic*, de soixante-quatorze canons, s'avança par le travers du *Tonnant;* le navire anglais, mal gouverné, présentait son avant au flanc du navire français.

« Dupetit-Thouars saisit son porte-voix : *Feu!* cria-t-il; et en quelques instants le *Majestic* avait perdu son commandant, tout son état-major et deux cents hommes de son équipage.

Par un bonheur inespéré, Ganteaume fut recueilli vivant et presque sans blessures, mais étourdi et se débattant convulsivement au milieu des flots.

Devant cet accueil foudroyant, le navire anglais s'éloigna en désordre pour chercher un ennemi moins intraitable.

« Bientôt l'*Orient,* qui soutenait aussi glorieusement la lutte, rejeta sur le *Tonnant* le *Bellérophon,* tout démâté par les bordées du vaisseau amiral. Le feu du *Tonnant,* cet atmosphère de mort, réduisit bientôt le vaisseau anglais à amener son pavillon, qu'on n'eut pas le temps de remplacer par celui de la république.

« Mais un incroyable malheur vint frapper la flotte française; le vaisseau amiral est la proie des flammes, qui s'élèvent déjà jusqu'au sommet des mâts; les Anglais, certains que cette proie ne peut leur échapper, abandonnent le vaisseau incendié, et comme c'est le *Tonnant* qui, par sa résistance énergique, soutient seul le combat, ils réunissent contre lui tous leurs efforts. Une grêle de boulets sillonnent les ponts du navire, dont les murailles volent en éclats.

« Cette lutte inégale ne fait que doubler l'énergie de Dupetit-Thouars et de ses matelots; c'est aux cris de *Vive la France!* que chaque volée du glorieux navire va porter le ravage et la mort au milieu des rangs anglais. Cependant il faut que cette héroïque résistance ait un terme; assailli de tous les côtés à la fois, le *Tonnant* doit succomber. Meurtri et le bras emporté par les éclats qui volent de toutes parts, déjà Dupetit-Thouars a roulé de son banc de quart; mais il s'est relevé en encourageant son équipage. La douleur ne peut rien sur cette âme de fer : il se fait replacer à son poste de combat, où sa voix commande le feu avec une nouvelle énergie. Une volée ennemie vient l'atteindre encore, et lui emporte les deux jambes. Une généreuse colère anime le noble capitaine. Par ses ordres, un baril plein de son est placé sur la dunette; Dupetit-Thouars y est déposé, et trouve assez d'énergie et de courage pour résister encore à cette scène de mort. Enfin il sent que ses forces s'en vont avec la vie, il raidit son glorieux tronc, et, d'une voix forte : « Équipage du *Tonnant,* n'amène jamais « ton pavillon! »

Ce fut lui qui, après quelques expéditions sur les côtes d'Égypte et de Syrie, fut chargé de ramener en France le général Bonaparte. Il déploya dans cette difficile mission une telle habileté et une telle prudence que, malgré les croisières anglaises prévenues de son passage, il ramena heureusement en France celui qui devait bientôt présider à sa destinée.

En 1800, Ganteaume sortit de nouveau de Brest et s'empara d'un vaisseau de 74, qu'il ramena en France; puis il essaya de porter un puissant renfort à l'armée d'Égypte; mais il n'y put réussir. Traqué par les flottes anglaises, s'il ne parvint pas à atteindre le but de son expédition, parce qu'à cette époque les Anglais gardaient la Méditerranée avec

« Ainsi finit le capitaine Dupetit-Thouars. Sa mort fit dans notre marine un vide que l'on fut longtemps à combler. L'histoire conservera son nom dans les pages qu'elle consacre à la mémoire de ceux qui se dévouent pour leur pays et qui sacrifient leur vie à l'accomplissement d'un généreux devoir.

« Il y a quelques années, un voyageur trouva près de la rade d'Aboukir, au-dessus de la porte d'une de ces cabanes de Bédouins éparses sur les mornes de la grève, une planche de noyer brisée circulairement et noircie à ses extrémités.

« On pouvait voir sur une des faces de cette planche quelques traces de clous qui avaient servi à attacher les lettres d'un nom dont le commencement pouvait se déchiffrer encore; on lisait dictinctement...

TON...

« C'était le dernier vestige du vaisseau que commandait Dupetit-Thouars, c'était le seul souvenir qui restât de ce noble capitaine, qui par sa mort héroïque jeta quelques reflets de gloire sur l'un des plus grands désastres de notre histoire maritime. » (*Précurseur de l'Ouest.*)

des forces imposantes, du moins échappa-t-il à toutes leurs poursuites, et revint-il en France sans avoir éprouvé des pertes considérables.

En 1802, le gouvernement voulut essayer de faire rentrer la colonie de Saint-Domingue sous la domination de la France, et Ganteaume reçut le commandement de la flotte destinée à tenter la conquête de cette île importante.

Les nègres laissèrent les Français débarquer, et se retirèrent dans l'intérieur, où leur nombre, les chaleurs et les accidents de terrain leur permirent d'attaquer les soldats européens avec une supériorité marquée.

Ganteaume revint la même année en France et sortit bientôt de Toulon avec le contre-amiral Lalande. Un secret profond enveloppa le but de cette expédition, que Ganteaume ne fit connaître à ses capitaines que lorsqu'il eut perdu la terre de vue.

Les Anglais bloquaient étroitement Corfou, et cette place commençait à manquer de vivres et de munitions. Tout rendait son ravitaillement difficile : sa position, et surtout la vigilance des vaisseaux anglais, dont une partie ne s'éloignait jamais de l'entrée du port, et dont l'autre poussait de tous côtés de nombreuses reconnaissances.

Eh bien, c'était dans Corfou que Ganteaume devait jeter un convoi de vivres et de munitions. Il y réussit et revint encore une fois à Toulon sans perdre un seul vaisseau.

Cette expédition, une des plus brillantes dont

s'honore notre marine, lui valut le grade d'inspecteur général des côtes de l'Océan, et les Anglais eux-mêmes avouèrent que, par ce dernier fait d'armes, Ganteaume s'était placé au rang de ces hommes supérieurs dont la marine, sans distinction de drapeaux, doit être fière.

Ganteaume mourut le 23 novembre 1818, après avoir été nommé pair de France par Louis XVIII.

DE 1800 A 1840

Notre marine, florissante sous Louis XVI, déclina rapidement sous la république, et les soixante vaisseaux de ligne que possédait la France avant d'entrer dans la tourmente révolutionnaire, successivement pris ou coulés à Toulon en 1793, à la bataille du 1er juin 1794, à celles de Belle-Isle, d'Aboukir et de Trafalgar, nous laissèrent sans influence sur l'Océan et la Méditerranée; l'Angleterre, dont seuls nous balancions la puissance, se saisit de l'empire des mers et y régna en souveraine.

En vain Villaret-Joyeuse, Brueys, Pleville de Piley, Dupetit-Thouars, Décrès, Duperré et tant d'autres braves officiers prouvèrent qu'il ne manquait à la France que de vouloir reprendre sa prépondérance maritime pour y réussir. La république et l'empire, qui s'étaient mis toute l'Europe sur les bras, semblèrent croire que la patrie des Duquesne, des Tourville et des Suffren devait désormais se borner à être une puissance purement continentale.

En 1815, la restauration s'efforça de faire, pour ainsi dire, renaître notre marine de ses cendres, et elle devint de plus en plus respectable jusqu'au moment où la bataille de Navarin et l'expédition d'Alger la firent enfin briller de son ancien éclat. Le gouvernement de 1830 augmenta le nombre de nos vaisseaux, et chercha toutes les occasions de donner aux étrangers une haute opinion de nos flottes. L'amiral Roussin, en forçant l'entrée du Tage défendue par de formidables batteries, et le vice-amiral Baudin, en réduisant l'*imprenable* forteresse de Saint-Jean-d'Ulloa, montrèrent ce que le pays était en droit d'attendre de nos marins, s'ils étaient appelés à verser leur sang pour sa gloire ou pour son indépendance.

Toutefois si, depuis la mort de Louis XVI, les circonstances malheureuses où la France s'est trouvée ont réduit la marine à un rôle secondaire, si nous ne pouvons citer avec un légitime orgueil aucune grande victoire navale, une foule d'engagements partiels et d'actions de détail protestèrent honorablement contre l'abandon dont elle fut l'objet.

Comme la paix dont nous jouissons depuis 1815, en donnant un immense essor à nos armements commerciaux, à créé pour nos bâtiments de guerre une pépinière de matelots habitués aux fatigues de la mer, et comme en même temps nos officiers, pour donner un aliment à leur activité, ont dû, à défaut de combats, s'occuper d'améliorations, nos vaisseaux ont reçu dans leur gréement et leur installation des perfectionnements si nombreux, si importants, nos officiers se sont tellement familiarisés dans des simulacres de batailles avec tous les secrets de la tactique, qu'il est permis de supposer que mieux que jamais ils pourront utiliser le bouillant courage de nos matelots, si l'avenir nous réservait encore quelques-unes de ces luttes dont la religion et l'humanité gémissent, mais que la gloire et les intérêts d'un grand peuple rendent quelquefois inévitables.

DÉCOUVERTES

Nous terminerons nos notices biographiques par un résumé historique des découvertes qui ont successivement complété la connaissance du globe. Seulement nous ne nous bornerons pas, comme nous l'avons fait jusqu'ici, à ne citer que des navigateurs français; nous mentionnerons toutes les expéditions entreprises, quel que soit le pavillon qui les ait couvertes.

On pourra par ce résumé se faire une juste idée du progrès et de la décadence maritimes des nations, et l'on verra des peuples qui, après s'être élevés au premier rang, ont insensiblement perdu leur suprématie pour tomber dans une position secondaire.

1345 — Des navigateurs, espagnols selon les uns, génois selon les autres, découvrent les *Canaries*[1].

1405 — Jean de Béthencourt, de Dieppe, en fait la conquête.

1418 — Tristan Vaz et Zarco abordent à *Porto-Santo*.

1419 — Les mêmes, à *Madère*.

[1] Ces îles semblent avoir été connues des anciens; mais il est constant que leur découverte ne fut qu'accidentelle. Comme aucune relation suivie ne s'établit entre les insulaires et le continent, leur découverte n'amena aucun résultat.

1440 — *Le Cap Blanc* est découvert par Tristan Nuno, Portug.
1448 — *Les Açores*, par Vello, Portugais.
1449 — *Les îles du Cap-Vert*, par Antonio Nolli, Portugais.
1471 — *La côte de Guinée*, par Jean Santarem, Portugais.
1484 — *Le Congo*, par Diego Cam, Portugais.
1486 — *Le cap de Bonne-Espérance*, par Dias, Portugais.
1492 — *San-Salvador*, par Christophe Colomb.
1493 — *Les Antilles*, par le même.
1498 — *La Trinité (continent)*, par le même.
1498 — *Les Indes (côtes orientales d'Afrique, côtes de Malabar)*, par Vasco de Gama.
1499 — *Amérique (côtes orientales)*, par Ojeda, accompagné d'Améric Vespuce.
1500 — *Rivière des Amazones*, par Vincent Pinçon, Espag.
1500 — *Le Brésil*, par Alvarès Cabral, Portugais.
1502 — *Ile de Sainte-Hélène*, par Jean de Nova, Portugais.
1502 — *Terre-Neuve*, par Cortereal, Portugais.
1506 — *Ceylan*, découverte par Laurent Almeyda, Portugais.
1506 — *Madagascar*, par Tristan de Cuna.
1508 — *Malacca* et *Sumatra*, par Siqueypa, Portugais.
1511 — *Moluques*, par Serrano, Espagnol.
1512 — *La Floride*, par Ponce de Léon, Espagnol.
1513 — *La mer du Sud*, par Nunez Balboa, Espagnol.
1515 — *Le Pérou*, par Perez de Rua, Espagnol.
1516 — *Rio-Janeiro*, par Solis, Espagnol.
1516 — *Rio de la Plata*, par le même.
1517 — *La Chine*, par Ferdinand d'Andrada, Portugais.
1518 — *Le Mexique*, par Fernand de Cordoue.
1520 — *Terre de Feu*, par Magellan, Portugais,
1521 — *Iles des Larrons, Philippines*, par le même.
1523 — *Nord de l'Amérique*, par Jean Verazani.
1527 — *Les Bermudes*, par Jean Bermudez, Espagnol.
1528 — *La Nouvelle-Guinée*, par A. Vidanetta, Espagnol.
1534 — *Le Canada*, par Jacques Cartier, Français.
1535 — *La Californie*, par Cortès.
1536 — *Le Chili*, par Diego de Almagro.
1541 — *Acadie*, par Roberval, Français.
1541 — *Cambodje*, par Mendez Pinto, Espagnol.
1542 — *Japon*, par Mendez Pinto et Barello.
1543 — *Le Mississipi*, par Alvaro, Espagnol.
1556 — *Le détroit de Waigatz*, par Stenvens Rorough, Anglais.
1567 — *Iles Salomon*, par Mendana, Portugais.

1576 — *Détroit de Frobisher*, par Frobisher, Hollandais.
1587 — *Détroit de Davis*, par John Davis, Anglais.
1589 — *Côtes du Chili* (*mer du Sud*), par Pedro Sarmiento, Espagnol.
1594 — *Iles Malouines*, ou *Falkland*, par Hawkins, Anglais.
1594 — *Nouvelle-Zemble*, par Barentz, Hollandais.
1595 — *Marquises de Mandana*, par Mandana, Portugais.
1607 — *Baie de Chesapeak*, découverte par John Smith, Anglais.
1608 — *Québec*, fondé par Champlain, Français.
1610 — *Détroit d'Hudson*, découvert par Hudson, Anglais.
1616 — *Baie de Baffin*, par Baffin.
1616 — *Cap Horn*, par Lemaire, Français.
1642 — *Terre de Diémen*, par Abel Tasman, Hollandais.
1642 — *Nouvelle-Zélande*, par Abel Tasman.
1643 — *Ile des Amis*, par Abel Tasman.
1700 — *Nouvelle-Bretagne*, par Dampier, Anglais.
1767 — *Taïti*, par Wallis, Anglais.
1768 — *Archipel des Navigateurs*, par Bougainville, Franç.
1778 — *Archipel de la Louisiane*, par Bougainville.
1772 — *Ile de la Désolation*, par Bougainville.
1774 — *Nouvelle-Calédonie*, par Cook, Anglais.
1778 — *Ile Sandwich*, par Cook.
1791 — *Ile Chatham*, par Brougthon, Anglais.
1821 — *Ile de Pierre I*er, par Betlingshausen, Russe.
1831 — *Terre d'Enterby*, par Biscoë.
1833 — *Sud Groënland*, par B. Morel.
1838 — *Terre Victoria*, par Simpson.
1838 — *Terre Louis-Philippe*, par Dumont-d'Urville.
1839 — *Terre Adélie*, par Dumont-d'Urville.
1839 — *Ile Balleny*, par Balleny.

LISTE CHRONOLOGIQUE

DES VOYAGES AUTOUR DU MONDE

MAGELLAN, Espagnol. 1519
F. DRAKE, Anglais 1577
CAVENDISH, idem 1587
VAN HOOST, Hollandais. 1598
SPELBERG, idem 1614
SCHOUTEN et LEMAIRE. 1615
HUPPON, Hollandais. 1623
COWLEY, Anglais 1683
WOOD, idem. 1708
ROGGEWEIN, Hollandais 1721
C. ANSON, Anglais. 1740
BYRON, idem. 1794
BOUGAINVILLE, Français. 1766
WALLIS, Anglais 1767
COOK, 1er voyage. 1768
— 2e voyage. 1776
— 3e voyage. 1785
LAPÉROUSE 1785
MALAPINA, Espagnol. 1790
ENTRECASTEAUX, Français 1791
MARCHAND, idem 1791
VANCOUVER, Anglais 1792
TURNBULL, idem 1800
KRUSENSTERN, Russe. 1803
KOTZBUE, idem. 1814
DE ROQUEFEUILLE, Français 1816
FREYCINET, idem 1817
DUPERRÉ, idem 1822
H. FORSTER, Anglais. 1828
DUMONT-D'URVILLE, Français. 1837

FIN

TABLE

13012. — Tours, impr. MAME.

www.ingramcontent.com/pod-product-compliance
Ingram Content Group UK Ltd.
Pitfield, Milton Keynes, MK11 3LW, UK
UKHW020555180726
13838UKWH00001B/264